novum pro

TIMOTHÉE MERCIER

Majestäts Beleidigung

Zeugnis – Das fremde Kuckuckskind
fällt aus dem gemachten Nest

novum pro

www.novumverlag.com

Bibliografische Information
der Deutschen Nationalbibliothek:

Die Deutsche Nationalbibliothek verzeichnet diese Publikation in der Deutschen Nationalbibliografie. Detaillierte bibliografische Daten sind im Internet über http://www.d-nb.de abrufbar.

Alle Rechte der Verbreitung, auch durch Film, Funk und Fernsehen, fotomechanische Wiedergabe, Tonträger, elektronische Datenträger und auszugsweisen Nachdruck, sind vorbehalten

Gedruckt in der Europäischen Union auf umweltfreundlichem, chlor- und säurefrei gebleichtem Papier.

© 2024 novum Verlag

ISBN 978-3-99146-824-0
Lektorat: Tobias Keil
Umschlagfoto: Brigitte Semke
Innenabbildungen: Timothée Mercier
Umschlaggestaltung, Layout & Satz: novum Verlag

www.novumverlag.com

GLAUBEN
& dessen Regeln spielend leicht gemacht!

„Spricht das Wort etwa
eine fremde Sprache,
da die Fremden sie verstehen,
nicht aber das eigene Volk?"

aus „Gottmensch" von Maria Valtorta

EINE BIOGRAPHIE

~

ÜBER DIE UNWÄGBARKEITEN
EINER KIRCHE IM MANKO

VON
SINN UND UNSINN
EINER „WAHREN" RELIGION

VERFASST
IM ALLTAG EINES LAIENGLÄUBIGEN
VON
TIMOTHÉE MERCIER

„Wird euer stolzer Sinn
nicht erschüttert
von solchen Fragen,
die sich zum Reich
der Wahrheit erheben
und ihm immer näher kommen
und die nur in einem demütigen Herzen
voll Glauben eine Antwort finden?"

aus „Gottmensch" von Maria Valtorta

Hinweis: *In kursiv gehaltene Absätze* sind original übernommen aus dem 12-bändigen Werk *Gottmensch* von *Maria Valtorta*, wie Jesus Christus ihr es in einem langen Leben im Krankenbett unter Visionen eingegeben hat. Gottmensch ist erschienen beim *Parvis Verlag* in der Schweiz und wurde von vereinzelten Persönlichkeiten in der katholischen Kirche empfohlen.

Inhaltsverzeichnis

Prolog 13
   Einführungen in die Passion Jesu Christi 13

Zeugnis
Das fremde Kuckuckskind fällt
aus dem gemachten Nest 17
   Aller Anfang ist schwer 17
   Freiheit & Befreiung 24
   Mitgift 31
   Ein Gespenst geht um 42
   Wachstumsschmerzen 54
   Lösegeld 86
   Schlecht beraten 98
   Wüste, oder: Suche nach der ganzen Wahrheit 128
   Mach dich auf den Weg 159

Epilog 172

Quellen 177

TEIL III

Zeugnis

Prolog

Einführungen in die Passion Jesu Christi

Jesus wendet sich an Maria Valtorta: ... *"Es wird ein weiter Weg sein, den wir zusammen gehen müssen, denn kein Schmerz ist mir erspart geblieben. Kein Schmerz des Fleisches, des Geistes, des Herzens, der Seele. Alle habe ich sie verkostet, von allen habe ich mich genährt, an allen meinen Durst gestillt, bis ich an ihnen gestorben bin.*

Könntest du den Mund an meine Lippen legen, würdest du noch immer die Bitterkeit dieser vielen Schmerzen bemerken. Könntest du meine Menschheit in meinem nun so strahlenden Gewand sehen, würdest du auch sehen, dass diese Strahlen aus den tausend und abertausend Wunden hervorgehen, die meine aus Liebe zu euch zerrissenen, ausgebluteten, zerschlagenen und durchbohrten Glieder mit einem Mantel lebenden Purpurs bedeckten.

Nun strahlt meine Menschheit. Aber es gab einen Tag, da glich sie der eines Aussätzigen, so zerschlagen und gedemütigt, war sie. Der Gottmensch, der als Sohn Gottes und der Frau ohne Makel alle Schönheit des Leibes in Vollkommenheit besaß, war damals in den Augen jener, die ihn liebevoll, neugierig oder verächtlich betrachteten, abscheulich: ein "Wurm", wie David sagt, der Leute Spott und der Verachtetste des Volkes.

Die Liebe zum Vater und zu den Geschöpfen des Vaters hat mich dazu getrieben, meinen Körper denen zu überlassen, die mich schlugen, mein Antlitz denen darzubieten, die mir Backenstreiche gaben und mich bespien und die glaubten, verdienstvoll zu handeln, als sie mir die Haare ausrissen, mich am Bart zerrten und mein Haupt mit Dornen durchbohrten. Selbst die Erde, und was von ihr kommt, haben sie zum Komplizen der ihrem Retter zugefügten Qualen gemacht, denn sie haben meine Glieder verrenkt, meine Knochen bloßgelegt, mir meine Kleider vom Leib gerissen und so meiner Reinheit die größte Qual zugefügt. Sie haben mich an das Holz geschlagen, mich wie ein am Haken des Schlächters verblutendes Lamm aufgehängt, sie haben meinen Todeskampf mit geiferndem Hohn verfolgt – ein Rudel gieriger Wölfe, das der Blutgeruch noch rasender macht.

Angeklagt, verurteilt, getötet. Verraten, verleugnet, verkauft. Selbst von Gott verlassen, denn auf mir lagen die Verbrechen, die ich auf mich genommen hatte. Ich war ärmer als ein unter die Räuber gefallener Bettler, denn man hat mir nicht einmal das Kleid gelassen, um meine gemarterte, zerschlagene Blöße zu bedecken. Es wurde mir nicht einmal die Schmach erspart, noch über den Tod hinaus verletzt und von den Feinden verleumdet zu werden. Vom Schmutz all eurer Sünden bedeckt, in die tiefste Nacht des Schmerzes gestürzt, ohne dass das Licht des Himmels meinem sterbenden Blick begegnet wäre oder eine göttliche Stimme meinem letzten Flehen geantwortet hätte.

Isaias nennt den Grund so viele Schmerzen: "Wahrlich, er hat all unsere Leiden auf sich genommen, unsere Schmerzen hat er getragen."

Unsere Schmerzen! Ja, für euch habe ich sie getragen! Um eure Schmerzen zu lindern, zu besänftigen, zu beenden, wenn ihr mir nur treu gewesen wäret. Aber ihr wolltet es nicht sein. Was hab ich dafür bekommen? Ihr habt mich wie einen Aussätzigen, einen von Gott geschlagen betrachtet. Ja, der Aussatz eurer unendlich vieler Sünden war auf mir wie ein Busgewand, wie ein Bußgürtel; aber warum habt ihr nicht durch das Gewand, in das er seine Heiligkeit für euch kleidete, Gott in seiner unendlichen Barmherzigkeit gesehen?

"Durchbohrt um eurer Sünden willen, zerschlagen für eure Missetaten", sagt die Isaias, der mit seinem prophetischen Blick den Menschensohn als eine einzige Wunde gesehen hat, zur Heilung der Wunden der Menschen. Und wenn nur mein Körper verwundert gewesen wäre!

Aber was ihr mir noch viel mehr verwundet habt, war mein Gefühl und mein Geist. Das eine wie das andere habt ihr zur Zielscheibe eures Spottes gemacht, und ihr habt meine Freundschaft, die ich euch geschenkt hatte, durch Judas mit Füßen getreten. Die Treue, die ich von euch erhofft hatte, habt ihr durch die Verleugnung des

Petrus gebrochen. Ihr habt mich getroffen, durch die Undankbarkeit jener, die mir zuriefen: "Stirb!", nachdem ich sie von so vielen Übeln befreit hatte. Ihr habt mich in der Liebe verletzt durch das meiner Mutter zugefügte Leid, und in der Religion, als ihr mich Gotteslästerer nanntet; mich, der ich mich aus Eifer für die Sache Gottes den Händen der Menschen überliefert habe, in dem ich Mensch geworden bin, ein Leben lang gelitten und mich der menschlichen Grausamkeit überlassen habe, ohne ein Wort zu sagen oder zu klagen.

Ein Blick meiner Augen hätte genügt, um die Kläger, Richter und Henker zu vernichten, aber ich war freiwillig gekommen, um das Opfer zu vollbringen, und als Lamm; denn ich war das Lamm Gottes, und ich bin es auf ewig. Ich habe mich fortführen lassen, um meiner Kleider beraubt und getötet zu werden, **damit aus meinem Fleisch Leben für euch werde.**

Als ich erhöht wurde, war ich schon verzehrt von namenlosen Schmerzen, von Schmerzen aller Namen. Schon in Bethlehem habe ich zu sterben angefangen, als ich das Licht der Welt erblickt, dass so erschreckend anders für mich war. Ich bin auch gestorben in der Armut, in der Verbannung, bei der Flucht, bei der Arbeit, bei all meinen Mühen, dem Unverständnis, dem Verrat, den verletzten Gefühlen, den Qualen, Lügen und Gotteslästerungen. Dies alles hat der Mensch mir zugefügt, mir, durchgekommen war, um ihn wieder mit Gott zu versöhnen.

Maria, schau deinen Erlöser an. Er trägt kein weißes Gewand und hat kein blondes Haupt. Er hat nicht den saphirfarbenen im Blick, den du kennst. Sein Gewand ist rot von Blut. Es ist zerrissen und mit Schmutz und Speichel bedeckt. Sein Gesicht ist geschwollen und entstellt und sein Blick von Blut und Tränen verschleiert, und der Blick dich an durch diese Kruste aus Blut, Tränen und Staub, die seine Lider bedecken. Meine Hände, siehst du, sind schon voller Wunder und warten auf die letzte Wunde.

Schau mich an, kleiner Johannes, so wie mich dein Bruder Johannes angeschaut hat. Meine Schritte hinterlassen blutige Spuren. Der Schweiß wischt das Blut ab, das aus den Wunden der Geiselhiebe tropft, und das Blut, das mich noch bedeckt von der Todesangst im Ölgarten. Die ausgetrockneten, zerschlagenen Lippen sprechen dieses Wort in der Bedrängnis, im Kummer eines unter namenlosen Qualen schon sterbenden Herzens." ...

... „Die Reine, die Demütige, die von allen Reichtümern der Welt Losgelöste, konnte nicht anders als Abscheu vor dieser Schlange empfinden. Auch ich empfand Abscheu. Und nur ich allein, der Vater und der Geist wissen, welche Überwindung es mich gekostet hat, ihn, Judas, in meiner Nähe zu ertragen." ...

... „Du hast alle Schmerzen kennengelernt, die der eigentlichen Passion vorausgegangen sind. Nun werde ich dir die Schmerzen zeigen, die ich während der Passion erduldet habe. Jene Schmerzen, die euren Geist immer tiefer ergreifen, je mehr ihr sie betrachtet." ...

Zeugnis
Das fremde Kuckuckskind fällt aus dem gemachten Nest

Aller Anfang ist schwer

Es war wohlweislich eine Vorsehung Gottes ungewöhnlicher Art, als Kind mit 6 Jahren aus zerrütteten Familienverhältnissen bei einer Pflegefamilie an einem idyllischen Ort angekommen zu sein. Meine nachfolgende Kindheit dort war spürbar von der Einmütigkeit einer beschaulichen Ortschaft geprägt, welche maßgeblich durch das spirituelle Leben der ansässigen Mönche beeinflusst war. Als Kind, das von Gott wenig verstanden hat, konnte ich das Leben dort streckenweise im tiefen Frieden ausmachen. Selbst wenn es nur zarte Pflänzchen des Glaubens waren, konnte man den Glauben bei der Ortsgemeinschaft als eine Art Reife ausmachen, bei der ich mir durchaus behütet vorkam. Vielleicht sollte ich nicht zu viel über diesen wundersam mythischen Ort schreiben, um nicht noch mehr *Zuagroiste* anzulocken, die das göttliche Geheimnis mit ihrer menschlichen Neugierde entzaubern.

Mir war allerdings nicht bewusst, dass ich dieses persönliche Glück über viele Jahre meiner Kindheit hinweg nur vereinzelt mit meinen Mitmenschen teilen konnte. Ich war in meiner kleinen Welt gefangen, denn um mich herum war die Realität tatsächlich eine andere, die ich nicht sehen konnte oder wollte. Das mag wohl daran liegen, dass ich vorher selbst der Hölle auf Erden entronnen war. Die tiefergehende Geborgenheit in mancherlei Hinsicht während meiner Kindheit war auch mir in meiner Unkenntnis über dessen Ursprung leider viel zu selbstverständlich geworden, sodass es mir ebenso fernlag, selbige genauer zu hinterfragen.

Jesus antwortet Petrus: „Ich werde es dir mit deinen eigenen Worten von kurz zuvor sagen. Ein Sprung, und man ist auf der friedlichen, blumigen Insel des Geisteslebens. Aber man muss den Mut haben, den Sprung zu wagen und das Ufer, die Welt, zu verlassen; zu springen, ohne darauf zu achten, ob jemand über unseren ungeschickten Sprung lachen könnte oder uns auslacht wegen unserer Einfalt, weil wir eine kleine, einsame Insel der Welt vorziehen. Man muss springen, ohne Furcht sich zu verletzen, nass zu werden oder eine Enttäuschung zu erleben. Man muss alles zurücklassen und bei Gott Zuflucht suchen, sich auf die von der Welt isolierte Insel begeben und diese nur verlassen, um an die am Ufer Gebliebenen das reine Wasser und die Blumen zu verteilen, die man auf der Insel des Geistes gesammelt hat, auf der es nur einen einzigen Baum gibt, den Baum der Weisheit. In seiner Nähe, fern vom Lärm der Welt, begreift man jedes Wort und wird zum Lehrer, obwohl man weiß, dass man Schüler ist. Auch dies ist ein Symbol."

Die Unbeschwertheit verließ mich umso abrupter, als dass ich hätte erkennen können, wer oder was mich mit dem neuen

Lebensabschnitt meiner Ausbildung zum Elektroinstallateur überhaupt verlassen hatte. Da ich als Kind gerne gebastelt habe, pflegte ich mir in meiner Vorstellung, die Zukunft als Schreiner oder als Fernsehtechniker auszumalen. Ich dachte auch daran, Gärtner oder Koch zu werden, beides lag mir nicht fern. Jedoch bin ich nicht wetterfest, bis heute nicht, und das Backen und Kochen hatte mir niemand zugetraut, obwohl ich mir heute tatsächlich gerne schnelle, schmackhafte Menüs zaubere, als Kontrast zu dem mitunter faden Kantinenessen bei der Arbeit. Da der Schreinermeister mir in Folge absagte, hatte mich mein Pflegevater schlussendlich an seinen langjährigen Sportsfreund vermittelt, der ein großes Handwerksunternehmen innehatte.

Mit 15 Jahren fand ich mich sonach mit einer riesigen Schlagbohrmaschine, die fast so schwer war wie ich, auf einem Rohbau wieder ohne eingebaute Fenster und bei winterlichen Temperaturen, um unzählige Löcher für Leerrohre mit einem Durchmesser von ca. 2 cm in die Betondecke zu bohren. Überall war es nass und dunkel, es tropfte vom herbstlichen Regen und hinter mir stand ein griesgrämiger Kapo, der mich aufforderte, schneller zu arbeiten. Es hat nicht lange gedauert, um zum ersten Mal Bekanntschaft mit Depressionen zu machen, die mich über viele Monate während der Blüte meiner Jugend verfolgten. Nur wer diese Schreckgestalt schon mal erlebt hat, weiß, wie unausweichlich dieses Befinden ist. Regelmäßig an den Sonntag Nachmittagen, wenn meine Pflegefamilie zu Besuch bei ihren Verwandten oder Freunden war und ich zu Hause blieb, ereilten mich Angstzustände und ich fiel jeweils in ein tiefes schwarzes Loch der Gefühle, aus dem es kein Entrinnen gab. Je mehr man an den scheinbaren Gründen rührte, welche diesen Frust auslösen konnten, oder sich ertappt fühlte dabei, umso heftiger überkamen einen die Angst und Schwere im Herzen. Man konnte nur warten, bis die Stimmung sich selbst wieder gnädig zeigte, um wieder ruhiger zu werden, bis zum nächsten Einfall emotionaler Trostlosigkeit.

Altes Testament – Der Prediger Salomo, *Grenzen des Wissens*
12,1 Denk an deinen Schöpfer in deiner Jugend, ehe die bösen Tage kommen und die Jahre sich nahen, da du wirst sagen: «Sie gefallen mir nicht»; 12,2 ehe die Sonne und das Licht, Mond und Sterne finster werden und Wolken wiederkommen nach dem Regen, – 12,3 zur Zeit, wenn die Hüter des Hauses zittern und die Starken sich krümmen und müßig stehen die Müllerinnen, weil es so wenige geworden sind, und wenn finster werden, die durch die Fenster sehen. 12,4 und wenn die Türen an der Gasse sich schließen, dass die Stimme der Mühle leiser wird, und wenn sie sich hebt, wie wenn ein Vogel singt, und alle Töchter des Gesanges sich neigen; 12,5 wenn man vor Höhen sich fürchtet und sich ängstigt auf dem Wege, wenn der Mandelbaum blüht und die Heuschrecke sich belädt und die Kaper aufbricht; denn der Mensch fährt dahin, wo er ewig bleibt, und die Klageleute gehen umher auf der Gasse; – 12,6 ehe der silberne Strick zerreißt und die goldene Schale zerbricht und der Eimer zerschellt an der Quelle und das Rad zerbrochen in den Brunnen fällt. 12,7 Denn der Staub muss wieder zur Erde kommen, wie er gewesen ist, und der Geist wieder zu Gott, der ihn gegeben hat. 12,8 Es ist alles ganz eitel, spricht der Prediger, ganz eitel.

An Religion war nicht zu denken und hatte für mich zu diesem Zeitpunkt im Alltag überhaupt keine Bedeutung, im Gegenteil. Wie ich bereits erwähnte, konnte ich mir in der Vorstellung von Gott auf der Grundlage von den Erzählungen aus dem Evangelium der Kirche leider nur wage in der Praxis einen Begriff machen, obwohl ich bereits alle Sakramente als Christ in Empfang genommen hatte. Ich entwickelte gerade zu dieser Zeit sogar das Ritual vorzugeben, dass ich zum Gottesdienst ginge, während ich in Wirklichkeit im Ort oder bei Freunden rumhing. Ich hatte also kein Rezept gegen meine Unzufriedenheit über den Lauf, den mein Leben nehmen würde, und musste akzeptieren, dass die Angstzustände mich regelmäßig einholten. Ich wollte die Ausbildung abbrechen, aber ein paar vernünftige Kollegen, denen ich durchaus wohlgesinnt war und heute sehr dankbar bin, rieten mir inständig davon ab und empfahlen mir, wenigstens den Abschluss zu machen.

Gefolgt von den bereits lang anhaltenden religiösen Unstimmigkeiten in der Pflegefamilie, war das dann aber der Moment, an dem ich emotional zu Hause ausbrach. Meine große Entdeckung war die Wollust. Als reiner Zeitvertreib bzw. ein willkommenes Instrument der Frustbewältigung in ausweglosen Situationen und um seelische Schmerzen darin zu ertränken, wenngleich ich mich durch dieses häufige Ritual der Beschäftigung mit mir selbst allmählich zu einem Narzissten entwickelte. Frauen interessierten mich vor allem dann, wenn sie auf mich flogen. Ich suchte nach Anerkennung und versprach Befriedigung, denn darin habe ich mich verstanden. Es dauerte nicht lange, bis ich erkannt hatte, dass auch die Mädchen in meinem Alter unersättlich in diesem Verlangen waren. So romantisch die Beziehungen anfangs auch waren, die Ernüchterung ließ bis auf wenige Ausnahmen nicht lange auf sich warten, was mir zur Last wurde, die ich abwarf wie ein gebrauchtes Kleidungsstück.

Wir waren gewiss alle von großer Zartheit und jugendlicher Unschuld, wir waren Gleichgesinnte, deshalb spielten wir dieses Spiel und spielen es Millionen Menschen auf dem Erdenrund bis zum letzten Menschen. Eines schönen Tages, einige Jahre später, stand ich unter der Dusche und ekelte mich vor mir selbst. Die ständigen intimen Berührungen durch irgendeinen fremden Körper gaben mir das Gefühl, dass ich mich trotz häufigen Waschens schmutzig fühlte. Dessen Ursache war wohl innerer Natur gewesen und von da an war der Reiz auch vorbei. Der Geschlechtsakt, der ohnehin schon das Risiko einer verführerischen und seelenfeindlichen Lust in sich birgt, bleibt für Christen deshalb immer auch ein Balanceakt. Er ist folgerichtig keine Spielwiese und darf mit einem guten Willen nur der Zeugung vorbehalten sein. Das kann man lernen und siehe da, es tut der Seele wohl. Als Christ und Erlöster darf man nicht zurückweichen vor diesem Opfer. Um nicht Schiffbruch zu erleiden, muss man mit dem Glauben die Lust in sich bezwungen haben, bevor man ans Eingemachte in einer Ehe herangeht. Das ist durchaus für jeden Menschen ratsam, um die Partnerschaft bzw. sich gegenseitig und sich selbst nicht systematisch auszuhöhlen.

Scheut euch nicht zu sagen: „Vater, ich habe gesündigt, aber wenn du willst, kannst du mich heilen."

Die Scham über den Umgang mit meinem Körper habe ich erst sehr spät und auch in Verbindung mit der Erinnerung an ein heilendes Erlebnis in meiner Pflegefamilie überwinden gelernt. Genauer gesagt war es die Verwandtschaft meiner Pflegemutter, die mich als Bub an zwei aufeinanderfolgenden Sommern auf ihrem Bauernhof aufnahm. Kein Leichtes für die fünfköpfige Familie mit einem ungezähmten ehemaligen Heimkind aus der Stadt. Für mich aber war diese Erfahrung einschneidend, weil ich zum ersten Mal in meinem Leben gesehen hatte und erleben durfte, wie Menschen durch ihrer Hände mühevolles Werk in Verbindung mit den Früchten der Erde ihren Lebensunterhalt und ihr eigenes Überleben sicherten. Dazu galt es, so vieles zu entdecken auf einem Bauernhof. Die vielen Arten von Tieren wie Kühe, Schweine, Katzen, Hasen, Bienen; darüber hinaus die vielen Verstecke und einen Cousin in meinem Alter, der körperlich schon wesentlich eingebunden war in die täglichen Arbeiten und Pflichten seiner Eltern. Es war einfach nie langweilig. In meine Cousinen, die beide ein paar Jahre älter waren als ich, war ich nahezu vernarrt, die ältere lebendig, bereits volljährig und mit Anhang; die jüngere sehr romantischer Natur und zurückgezogen aber immer liebevoll im Umgang mit ihren Nächsten. Ich erinnere mich an viele Stunden auf dem Feld beim „Einhaien" unter der glühenden Hitze des Sommers und dabei ganz lebendig an mancherlei Unterhaltungen.

Jedenfalls pflegte diese Familie an den Samstagabenden das Ritual des Waschens in der Badewanne. Als ich an der Reihe war, pflegte ich meinen Körper zu verbergen, wie ich es bei meiner Pflegefamilie gewohnt war. Meine Tante jedoch begleitete mich am

Ende des Bades sehr liebevoll mit einem großen Handtuch umhüllend aus dem Badezimmer heraus in die angrenzende Stube. Das war mir fremd. Ich war bereits in der Pubertät und sie trocknete meinen Körper völlig vorbehaltlos mit dem Handtuch ab. Zunächst war mir das natürlich peinlich, zumal die anderen alle beim Fernsehen zugegen waren, aber niemand interessierte sich dafür und schließlich habe ich mich sehr wohl gefühlt in dieser Atmosphäre der bedingungslosen Annahme und im unbekümmerten Umgang mit dem Körper. Viel Jahre später nach dem Tod meines Pflegeonkels, der auch mein Firmpate werden sollte, habe ich mich daran erinnert und mir gesagt, wenn die Mutter Gottes ihren Sohn Jesus gebadet hat, hat sie es bestimmt in gleicher unschuldiger Absicht getan.

Von da an hatte ich im Gebet ein anderes Verhältnis zur Mutter Gottes, weil ich den nötigen Mut fand, meine Scham wegen der in der Vergangenheit falsch ausgelebten Reize meines Körpers zu bewältigen. Ohne Zweifel, Glückseligkeit lässt sich jederzeit en mass durch das Entflammen des Körpers herbeiführen. Jedoch wie lange hat sie Bestand und zu welchem Preis? Das Leben mit seinen Höhen und Tiefen allein mit den Mitteln der Sexualität ausgleichen oder gar bestimmen zu wollen, würde bedeuten, sich selbst in Geiselhaft zu nehmen. Denn die Definition vom eigenen Ich ließe sich dabei durchaus ausschließlich auf die Strategie körperlicher Signalgebung reduzieren und in Zusammenhang bringen. Wer sich auf diese Weise selbst in einer rosaroten Brille sieht, schreckt nicht davor zurück, es gleich zu tun mit dem Gegenüber bzw. als Steigerung für eine unerschöpfliche körperliche Impulsgebung, die Definition vom selbst auch fremd bestimmt sehen zu wollen.

Die offensichtliche Gefahr darin aber liegt, dass die zur Gewohnheit werdende Fremdbestimmung auch in anderen Instanzen um sich greift, ohne sich dessen gewahr zu sein. Zum Beispiel lässt man sich überschwänglich leicht in Besitz nehmen von einer vielerorts offenkundig in die Irre gehenden Kirche. Oder einem unüberschaubaren Konsumverhalten, was wiederum in die Abhängigkeit eines hohen Einkommens versetzt. Und bevor man sich versieht ist man als Marktsoldat eine Komponente in der radikalen Wirtschaftsliberalität. Ob das zufriedener macht? Im Gegenteil, die Ausweglosigkeit wird noch intensiviert und die Spirale der Unterwerfung um so mechanischer, was wiederrum zu neuem Verlangen führt, das häufig verbunden ist mit dem Wunsch, den Partner auszutauschen.

Dieser illusorischen Größe der körperlichen Befriedigung steht eine Zufriedenheit entgegen, die ihren Ursprung in der Seele des Menschen hat, sofern ihrer Beachtung beigemessen wird. Die Berührung mit dem Ewigen im Glauben ist ausschlaggebend für die Motivation aktiv zu lieben: Gott, sich selbst und den Nächsten. Dabei spielt das Ausmaß des Glückes bzw. deren Steigerung nur noch eine untergeordnete Rolle. Wer mit dem Herz des Geistes fühlt, sieht das Unrecht, das einen umgibt und das von sich selbst ausgehen könnte im alles betäubenden Rausch des Egoismus. Für jemanden, der wachen Auges durchs Leben geht, wohnt das Glück zudem wohlweislich nicht auf dieser Erde. Vielmehr kann es als ein ewiges Gut betrachtet werden, das mit der Rüstung des Glaubens und den Waffen des Geistes für die Ewigkeit verteidigt und vermehrt werden will, um in dessen Besitz zu kommen.

Freiheit & Befreiung

Das entscheidende Ventil gegen die depressiven Verstimmungen in meiner angehenden Jugend war dann die Musik, im Speziellen die aktuellen Charts mit amerikanischer oder englischer Popmusik. Public happiness, emotional bindend und mitunter sogar melancholisch; dieser Rhythmus in Verbindung mit der sehr einfachen englischen Sprache war mir in allen Stimmungslagen ein vertrauter Zugang zu meiner Seele und damit zu einer willkommenen Ersatzreligion geworden. Es war die Fortsetzung des Lebens in einer Blase, wie ich es als Kind gewohnt war, allerdings mit menschlichen Mitteln, weshalb es auch nur eine Scheinwelt und eine Illusion des Glücks war. Ich suchte die zeitlose Atmosphäre von Diskotheken und verabscheute aus demselben Grund Hardrock und Orte, die diesen zelebrierten, wenngleich er bei vielen meiner Altersgenossen hoch angesagt war.

Am nächsten Morgen kam freilich der Kater, der Tag wurde zur Nacht und die Nacht zum Tag, weil man natürlich lange schlafen wollte. Das hatte aber auch noch einen anderen Grund, denn in der Nacht waren die Geister der Erwachsenen müde, während die Freigeister der Jugend aufblühen konnten. Die jungen Generationen von heute händeln die Absurditäten der Welt nicht anders, um den ausweglosen Konfrontationen im Leben zumindest emotional überlegen zu sein. Für meine Pflegeeltern war diese Episode eine zusätzliche Belastungsprobe, weil ich, bereits volljährig geworden, mit dem eignen Auto unterwegs und an den Wochenenden nächtelang gar nicht mehr zu Hause erschienen war, um auszugehen oder gar bei der Freundin zu nächtigen. Mein Pflegevater fasste sich sichtlich erschüttert ein Herz, um sich über meinen „Lebenswandel" zu beklagen. Derweilen gab es nicht im Geringsten Anlass zur Sorge, im Gegenteil, das Leben zeigte sich mir von der Sonnenseite.

Er konnte sich nicht erklären, wo das viele selbstverdiente Geld bleiben würde, und vermutete gar den regelmäßigen Umgang in einem Bordell. Auf diese Weise wurden wir uns nur noch fremder, denn er hatte keine Vorstellung davon, wie teuer das Abendleben in den Städten, in denen wir unterwegs waren, ist, zusammen mit Abendgarderobe, Benzingeld etc. Bei mir riss der Geduldsfaden, denn das Produkt von doppelzüngiger Besorgnis konnte mich bei ihm sehr wütend machen und seelisch entsprechend aus der Fassung bringen, sodass er mich jedes Mal nur noch tiefer in den Schlamassel ritt. Wie wenig kannte mich dieser Mann, der mir Dinge zutraute, an die ich noch nicht mal in meinen kühnsten Träumen dachte? Ich suchte nur nach Spaß als Ausgleich zur harten Arbeitswoche und Gleichgesinnte und bediente mich dafür noch nicht mal unlauterer Mittel wie Drogen oder Alkohol, wie es viele andere Jugendliche tun.

Welche schmutzigen Phantasien aber umgaben ihn, um mich mit diesem Dreck bewerfen zu wollen? Ich möchte das Schicksal vieler Prostituierter an dieser Stelle nicht verunglimpfen und suche diesseits auch keinen Rachefeldzug gegen meine Pflegeeltern auszulösen, denn sie hatten mir gewiss nicht weniger zu verzeihen als ich ihnen, sondern es geht darum zu verdeutlichen, wie bedauernswert die Ausübung von Religion im Auge ihres Betrachters ist, wenn sie nur halbherzig oder mit halbem Wissen begangen wird. So dient sie lediglich dem Selbstzweck und verherrlicht den sogenannten Gläubigen, dem sie dann doch wenig nützt.

Matthias, der Hirte zu seinen Gefährten: „... wenn ihr euch nicht der Worte eures ersten Meisters (Johannes des Täufers) *erinnern würdet, so wäre er wirklich tot für euch. Ein Meister lebt, solange seine Lehre in den Jüngern fortlebt, auch wenn er dann durch einen größeren Meister ersetzt wird. Und den Jüngern Jesu, des Meisters aller Meister, ist es niemals erlaubt, die Worte des ersteren zu vergessen, die sie vorbereitet haben, das Lamm Gottes mit Weisheit zu verstehen und zu lieben."*

Das Verhältnis zu meinen Pflegeeltern war mittlerweile auf einen Tiefpunkt angekommen. Vor allem meinen Pflegevater hatte ich derartig geschnitten. Er war für mich das Sinnbild für Oberflächlichkeit. Das nahm aber schon sehr früh als Kind seinen Anfang. Ich erinnere mich daran, wie er mich und meine Pflegeschwester pflichtgemäß zum Gottesdienst heranzog. Wirklich alles in diesen Gottesdiensten war befremdlich für mich, bis auf die Predigten der jungen Patres, die offensichtlich verliebt waren, ohne verheiratet zu sein. Ihr intelligentes Auftreten und vielseitiges Engagement in der Öffentlichkeit oder in den Reden von der Kanzel herab konnten mich tief berühren und hatten einen ersten Eindruck von Weisheit und Stärke bei mir hinterlassen. Es gab sie aber auch, die anderen hohen Herren aus dem Kloster, deren Stolz hohl war wie ein morscher Baum, der beim nächsten Sturm umfallen würde, und dementsprechend waren auch ihre Predigten als eine Trutzburg an Intellekt an mir abgeprallt.

In meiner Jugend hatte ich Christus nichtsdestotrotz nie als Sohn Gottes betrachten können, sondern als Kind Gottes, wie wir es alle sind, und als ein ganz normaler Mensch, jedoch mit einer besonderen Sendung von Gott, wofür er am Kreuz büßen musste. Das hatte ich damals nach meinem frühen Erfahrungsschatz als Kind aus prekären Familienverhältnissen mit Heimunterbringung den Menschen durchaus schon zugetraut. Dass Er aber am Kreuz auch meine Schuld verbüßt hatte, war mir natürlich fremd, bzw. was Seine ganze Größe ausmacht und jene Seiner Religion. An dieser Stelle muss ich noch hinzufügen, dass mir das Beichten als Kind tatsächlich nie schwergefallen ist mit dem Bildnis meines damaligen Religionslehrers, der Beichtvater und natürlich auch Mönch im Kloster war. Er assoziierte eine Schubkarre voller eigennütziger Taten oder Sünden, die ich gewiss erkannte an meinem selbst, und die man einfach abladen durfte – vor Gott wohlbemerkt.

Dementsprechend leichter fühle ich mich nach jedem Empfang des Bußsakramentes bis heute, obwohl ich dieses Heilmittel für viele Jahre leichtsinnig vernachlässigte. Allerdings wird es immer schwieriger, einen vertrauenserregenden Beichtvater zu finden. Die Schnittstelle Beichte verleitet den Klerikerstand dazu, die Laiengläubigen mit vertrauensbildender Psychologie an sich zu binden. Umgekehrt treten Versuchungen an den Kleriker heran von Seiten ihres Klientels, sich mit Gefühlsduselei und Selbstmitleid auf rührseliger Ebene zu treffen. Das ist noch keine Reue. Die Absolution ist schließlich auch ein Reifezeugnis. Man stelle sich die Beichte ohne Christus, den Erlöser, vor, dann bedarf es tatsächlich keiner Abbitte mehr. Es ist eines der größten und weitverbreitetsten Übel in der Kirche und abzulesen an den langen Warteschlangen aufgrund so mancher aufgeblähter Sitzungen im Beichtstuhl.

Das ist noch schlimmer als die rhetorischen Glanzleistungen von der Kanzel herab, bei der zwar der Intellekt und damit das Selbstbewusstsein des Gläubigen bedient werden können, aber dem Büßer keine Reue zugemutet werden will. Das ist ein Widerspruch in sich und hat fatale Auswirkungen für den selbsttätigen Glauben, die ein fadenscheiniges Konstrukt gegenseitiger menschlicher Abhängigkeit begünstigen. Jeder halbwegs professionelle Psychologe achtet auf eine diskrete Abgrenzung zu seinem Patienten für ein vernünftiges Behandlungsergebnis nicht nur zum Wohl des Kranken. Die Aufgabe des Seelsorgers ist zweifellos nicht, die Schubkarre zu leeren, indem er beschwichtigt, sondern Gott zuführt, und dem Sünder dabei hilft, die Fallstricken der Sünden erkennbar zu machen. Der Gläubige kommt auf diese Weise in die glückliche Lage, dauerhaft die Knäuel selbstständig zu lösen. Dafür hat der Seelsorger schließlich jahrelang Theologie studiert. Warum liefert er dann nicht? Das will mir nicht einleuchten, dass er womöglich selbst gefangen ist in einem unheilvollen System der Egozentrik.

Ein Meister lebt, solange seine Lehre in den Jüngern fortlebt.

Als ich nach vielen Jahren zurückgekehrt bin in den Schoß der Kirche, hatte ich die Angewohnheit, jede einzelne Sünde aus meiner passiven Zeit als Gläubiger im Beichtstuhl vorzutragen. Obwohl die einzelnen Seelsorger schier verzweifelt sind an mir, hat es mir niemand plausibel erklärt warum das unnötig ist. Erst nach vielen Jahren habe ich begriffen, dass die Reue kein kurzer Anflug von Einsicht im Beichtstuhl oder während des Gottesdienstes ist, um das Gewissen zu erleichtern bzw. die Schubkarre zu leeren. Vielmehr wird sie eine Grundhaltung im Glauben und ein lebenslanger Akt der Demut und Dankbarkeit, welche in die Freude des Christseins einhergeht, die auch der Härte des Lebens im Alltag trotzen kann. Diese kleine aber beständige Überwindung ist folgerichtig keine Strafe, sondern dem Umstand geschuldet, dass auch die Reinwaschung der Seele durch das Bußsakrament für immer und ewig gewährt wird. Ihr entgegen stehen die überall sprießenden euphorischen Auswüchse, welche als Geist Gottes angepriesen werden, aber doch mehr dem verzweifelten Umstand einer mechanischen Unterwerfung in Erwartungshaltung ähneln, als jenem der Erlösung und in so vielen Konfessionen, allen voran in katholischen oder evangelischen Gotteshäusern, zu finden sind. Sie täuschen folgenschwer über die Fakten der echten seelischen Befreiung hinweg.

So wie die Treue zur Selbstbeherrschung im Umgang mit der Reue oder Dankbarkeit gleichermaßen die Voraussetzungen für einen gelungenen und blühenden Glauben schaffen, so liegt umgekehrt die leichtfertige Phantasterei der Euphorie die Basis für ungeordnete Leidenschaften und Widerspenstigkeit. Die sich aufblähende Manie in der Euphorie sucht sich gewissermaßen ein geeignetes und entschleunigendes Ventil, damit sie nicht in eine negative Stimmung umkippt oder man nicht in einer Depression auf sich selbst zurückgeworfen wird. Eine solche Ableitung könnte sich beispielsweise scheinbar natürlich in einem ausgelassenen Sexualhaushalt wiederspiegeln, weil Sexualität als nahezu immer greifbar erscheint. So lernt es zumindest der Mensch heute über alle Kanäle von Kindesbein an. Ein fruchtloser Lebensstil, der die Bedürfnisse der Seele und die Berufung des Menschen für das ewige Leben mit Füßen tritt bzw. unberücksichtigt lässt, begünstigt natürlich entsprechend einen Teufelskreis wie die Euphorie. Selbst Ehen gründen sich heute fatalerweise als Lebensentwurf auf dem Ursprung von Euphorie. Das eine passt zum anderen und umgekehrt. Am Ende des Tages stehen dann über mehrere Jahrzehnte hinweg unzählige Missbrauchsfälle in allen Bereichen der Gesellschaft im Rampenlicht, womit sich das eine zum anderen fügt und das Gesamtbild durchaus einen Sinn ergibt, wenngleich es dämonischer Natur ist.

In diesem Sinn wird innere Befreiung mittels beharrlicher Einsicht und Umkehr auf Dauer nur in einem Umfeld innerer und äußerer Ruhe Bestand haben können. Es stellt mir die Nackenhaare, wenn im öffentlichen Rosenkranz von Seelsorgern oder Gläubigen gleichgültig vorgebetet wird: „Jesus, der du für uns gekreuzigt worden bist." Das führt doch zwangsläufig zu einer Fehlinterpretation des Glaubens, wie sie nicht selten auch der Gedenkkultur des Gottesdienstes sämtlicher christlicher Konfessionen abzulesen ist. Zeitgemäß müsste es doch heißen: „Jesus, der du unter Einsatz deines Lebens für uns gekreuzigt worden bist."

Ich will und wollte nicht der Schlächter Jesu Christi sein, der anschließend nach seinem Bekenntnis euphorisch in die Welt hinaustritt, nur um die Freude darin verbrennen zu sehen, wovon ich schon als Kind unfreiwillig Zeuge geworden war. Das scheint mir noch schlimmer als alles andere, was ich mir bisher geleistet hatte. In diese Weltordnung wollte ich bei meinen anfänglichen Besuchen im Beichtstuhl nicht eintreten, deshalb habe ich mich nur langsam vorgewagt in das Mysterium der Kirche und Recht behalten in meinen Bedenken, denn in der Realität werden die Glaubenswahrheiten sorglos, ja sogar achtlos verwaschen. Das aber ist keine innere Ruhe, selbst wenn die äußeren Gegebenheiten verführerisch als Gottesdienst deklariert werden, insbesondere die theatralischen Höhepunkte des Kirchenjahres. Hochfeste wie Weihnachten, Ostern oder Pfingsten sind eine willkommene Ablenkung für jene im Alltag eingespielte Liturgie ohne wahrem Bekenntnis und noch dazu geben sie dem Schein ein glänzendes Alibi, um mit viel Lärm Freude aufzuführen.

> Vom Kreuz herab ist euch meine Liebe immer gegenwärtig,
> Dort ist meine Liebe erhöht über alle Welten und Räume,
> über alle Zeit.
> Sie ist sieghaft im Himmel wie auf der Erde.
> Ihr Wirken umfasst alles.
> Ihre Erlösungskraft fasst Himmel und Erde zusammen
> und weitet sie hinein in das ewige, dreifaltige Liebes-Sein Gottes,
> immerzu neuwerdend aus der Liebe des Vaters,
> die sich im Geschenk meiner Kreuzesliebe
> in die Liebe des Geistes ergießt,

sich verströmend und immer wieder neu zusammenfließend,
als ewig seiende und werdende Kraft der Liebe.
Kommt, glaubt und vertraut, und schaut am Kreuz diese meine Liebe,
die euch erwartet, die immerzu für euch da ist,
die wartet voll innigem Verlangen und tiefster Sehnsucht,
in euch und mit euch zu sein,
um euch hineinzuholen in das ewige Sein göttlicher Liebe.

Vom Kreuz herab ist euch meine Liebe immer gegenwärtig,
Franziska Maria von der gekreuzigten Liebe

Mitgift

Der Gottesdienst war in meiner kindlichen Wahrnehmung definitiv eine jener Vergeudungen, von der ich gerade eben sprach, und eine einzige Farce, die ich lange nicht akzeptieren und auch nicht verstehen wollte. Dieses ewige lauthalse Gebrüll und stundenlange Ritual ohne jede Gefühlsregung außer jener der Euphorie haben mich derart abgestoßen und für lange Zeit abgestumpft für jegliches religiöse Befinden. Mein Pflegevater war für mich zum personifizierten Symbol dieser Äußerlichkeiten geworden, die Religion betreffend, obwohl oder gerade weil er andererseits logistisch und organisatorisch gesehen sehr aktiv war in der Pfarrgemeinde und im Pfarrgemeinderat. Sein Glaube war aber eine Art lobenswerte Mitgift seiner Mutter, die ihn sehr geliebt hat und die er sich wahrscheinlich damit in guter Erinnerung hielt. Viel zu spät habe ich erkannt, dass oftmals die Kirche selbst mit ihren Prioritäten für die Liturgie verantwortlich ist für diese verfremdete Gedenkkultur und maßgeblich eine äußerliche Art des Glaubens in den Menschen heranzieht, der um so mehr in einer herzlosen Umgebung des Lebens harte Prüfungen zur Stählung erfährt.

In der Tat hat die Menschheit den geraden Weg verlassen, indem sie es verlernt hat, sich mit demütiger Reue der umfassenden

Lebensmühe Jesu zu nähern, wohlbedacht des Umstandes, dass Er sie trotz aller Schwere in unnachgiebiger Liebe zum Vater getragen hat für unser Heil. Wer könnte uns dabei besser verstehen als die Mutter, die wahrhafte Schmerzensmutter, die von der Geburt bis Golgotha das Wirken Christ mitgetragen hat und jetzt die Freuden des Himmels mit dem Auferstanden teilt, so wie sie auf Erden Anteil hatte an Seiner unfehlbaren Liebe als einzig wahren Trost. Opfert ihr also mit kindlicher Hingabe alles, was auf irgendeiner Weise zur Quelle des Leidens wird, um sie mit jenen aus der Vergangenheit des Erlösers zu vereinen. Sein und der Mutter Golgotha sind vorüber, deshalb nicht zu vernachlässigen, auch die Freuden des Lebens darzubringen.

Kein Wunder also, dass mein Pflegevater mir vorkam wie ein zutiefst unerfüllter Mensch, ein Fremder in seinem eigenen Haus, der mit sich selbst wenig anfangen konnte und deshalb mit überzogenen Erwartungen an sein familiäres Umfeld herantrat. Indes war jeder von uns viel zu sehr mit sich selber beschäftigt, mit den eigenen Vorlieben und nicht bereit, ihm auch nur einen Funken Geselligkeit abzudrücken. Ein simpler Akt der Liebe, der auf sich warten ließ und deshalb alles nur noch schlimmer machte. Gott war neben dem sonntäglichen Gottesdienst, an Weihnachten oder Ostern und dem allgemeinen Tischgebet kein Anlass zur Inspiration im zwischenmenschlichen Umgang der Familie, weder in Gesprächen noch bei nicht vorhandenen gemeinsamen Gebeten, wobei wir wohl beim Urproblem für den allgemein ausbleibenden Schmierstoff Liebe angelangt wären.

Jesus antwortet im Hause des Zachäus auf die Frage eines reuigen Räubers nach dem Ursprung der Seele: *„... Die Seele ist nicht der Gedanke, Mann. Die Seele ist der Geist, ist das immaterielle Prinzip des Lebens. Das nicht fühlbare, aber wahre Prinzip, das den ganzen Menschen belebt und den Tod überlebt. Deshalb nennt man sie unsterblich. Sie ist etwas so Erhabenes, dass selbst der größte Gedanke ein Nichts ist im Vergleich zu ihr. Der Gedanke hat ein Ende, während die Seele zwar einen Anfang, aber kein Ende mehr*

hat. Ob selig oder verdammt, sie existiert weiter. Selig jene, die sie rein bewahren oder sie wieder zu reinigen wissen, nachdem sie sie beschmutzt haben, um sie die dem Schöpfer so wiederzugeben, wie er sie geschaffen hat, um den Leib zu beleben."
„Aber ist sie in uns, oder über uns, wie das Auge Gottes?"
„In uns."
„Also in uns gefangen bis zum Tod? Als Sklavin?"
„Nein, als Königin. Im Gedanken des Ewigen ist die Seele, der Geist das, was im geschaffenen Lebewesen, das Mensch genannt wird, herrscht. Sie stammt vom König und Vater aller Könige und Väter. Sie ist sein Hauch und sein Ebenbild, sein Geschenk und sein Eigentum und hat die Aufgabe, aus dem Geschöpf, das Mensch genannt wird, einen König des großen, ewigen Reiches zu machen, aus dem Geschöpf, das Mensch genannt wird, einen Gott im jenseitigen Leben, einen ,Lebenden' in der Wohnung des erhabenen, einzigen Gottes. Sie ist als König geschaffen, mit der Autorität und der Bestimmung einer Königin. Ihre Mägde sind die Tugenden und Fähigkeiten des Menschen, ihre Dienerin ist der gute Wille des Menschen. Und ihr Knecht ist der Gedanke, ihr Knecht und Schüler ist der Gedanke des Menschen. Aus dem Geist schöpft der Gedanke Kraft und Wahrheit, Gerechtigkeit und Weisheit, und so kann er zu königlicher Vollkommenheit heranwachsen. Ein Gedanke, der des Lichtes des Geistes entbehrt, wird immer mangelhaft und unklar sein und nie gewisse Wahrheiten begreifen, die für den, der von Gott getrennt ist und das Königtum der Seele verloren hat, unverständliche Geheimnisse bleiben. Der Gedanke des Menschen ist blind und töricht, wenn er des grundlegenden Werkzeugs entbehrt, das nötig ist, um zu verstehen, um sich über das Irdische zu erheben und sich emporzuschwingen zur Höhe, zur allerhöchsten Intelligenz und Macht, mit einem Wort, zur Gottheit ..."
„... Aber der Gedanke und das Fleisch überwältigen oft die Seele – ich spreche von mir, von uns – und machen sie zu ihrer Sklavin ..."
„Im Plan Gottes war nicht vorgesehen, dass die Seele zur Sklavin werde. Vergisst du den Feind Gottes und des Menschen? Die niedrigen Geister sind auch euch bekannt."
„... Die Seele wird nicht sofort belohnt. Sie wird sich vielmehr in neunundneunzig von hundert Fällen im anderen Leben einer Reinigung

unterziehen müssen. Aber diese Reinigung ist Vorbereitung auf die Freude. Denn wer sich reinigt, ist schon gerettet. Und wer gerettet ist, wird nach dem Jüngsten Tag zusammen mit seinem Körper in die Freude eingehen ...
Eine neue Inkarnation gibt es nicht, wie es auch keine Rückkehr in der Zeit gibt. Aber eine Erneuerung mit Hilfe des freien Willens, das gibt es, und Gott segnet einen solchen Willen und steht ihm bei. Ihr alle habt diesen guten Willen gehabt. Der sündige, lasterhafte, schmutzige und verbrecherische Mensch, der Dieb, der Verführte und der Verführer, der Mörder, der Gotteslästerer und der Ehebrecher, sie alle können durch das Bad der Reue geistig wiedergeboren werden, das verdorbene Mark des alten Menschen vernichten und das noch verdorbenere geistige Ich vertilgen, als wäre der Wille, sich zu erneuern, eine Säure, die die ungesunde Hülle, unter der sich ein Schatz verbirgt, angreift und zerstört und dann den eigentlichen Geist zum Vorschein bringt, erneuert, geheilt und mit einer neuen Denkart umkleidet, mit einem neuen, guten, kindlichen Gewand. Oh, ein Gewand, das sich Gott nähern darf, das würdig die erneuerte Seele kleidet, das sie bewacht und ihr hilft bis zum Augenblick ihrer absoluten, überirdischen Erschaffung, der vollendeten und glorreichen Heiligkeit von morgen im Reich Gottes – ein, mit menschlichem Verstand und Zeitmaß gemessen, vielleicht noch weit entferntes Morgen, aber ein schon sehr nahes Morgen aus der Sicht der Ewigkeit.
Alle können, wenn sie wollen, wieder das reine Kind der Kindertage werden, das liebliche, demütige, offene, gute Kind, das die Mutter an ihr Herz drückte, auf das der Vater mit Stolz blickte, das der Engel Gottes liebte und das Gott selbst liebevoll betrachtete. ... wenn ihr die Liebe nicht gekannt und dieser Mangel euch schlecht gemacht hat, dann seid jetzt, da eine göttliche Liebe euch aufgenommen hat, heilig, um einst in himmlischer Freude die Liebe zu genießen, die jede andere Liebe überragt."

Die mangelnden Ambitionen bezüglich Religion in vielen katholischen Familien liegt meines Erachtens unverändert seit vielen Jahrzehnten in der Art, wie der Glauben vermittelt wird bzw. wie die Gottesdienstgestaltung maßgeblich nicht dazu beiträgt, Glaubensvermittlung zu üben oder schlimmer noch sie sogar verwischt. Wie oben bereits erwähnt, dreht sich schwerpunktmäßig vieles um die Grausamkeiten gegenüber Jesu, ohne gleichzeitig darauf einzugehen, was sie ausgelöst haben bzw. wie sie entstehen konnten. Es fehlt der Mut zur Sachlichkeit, weil sie eigene Lücken im Glauben aufdecken könnte bzw. konkrete Lehren für das eigene Leben aufzeigen würde. Dabei konnte doch das Leiden der opfernden Liebe Jesu für unsere Heiligung bzw. Vergebung nicht im Geringsten etwas anhaben, im Gegenteil, es ist der Übergang zu dem neuen ewigen Dasein im Bund mit dem Vater. Nicht der Tod, herbeigeführt durch unermesslichen Schmerz, vergibt die Sünden, sondern ausschließlich die barmherzige Liebe des Vaters in Seinem Sohn, die zweifelsohne durch ein Flammenmeer des Schmerzes und der Kreuzesqualen gegangen ist. Was damit im Zusammenhang ergänzend viel zu wenig hervorgehoben wird, ist das nicht weniger offensichtliche psychische Leid hinsichtlich des widerfahrenen Hasses der Masse gegen Jesus, hauptsächlich geschürt aus Existenzängsten des Synedriums im Tempel.

Wollte man die psychischen Leiden Jesu unterschlagen, würde man das mühevolle Opfer Jesu während seines ganzen Wirkens auf Erden verschweigen und als Spaziergang bagatellisieren. Als ob es keine Mühe kosten würde, unnachgiebig jeden Tag aufs Neue Liebe aufzubringen, welche die Phantasie, den Mut und nicht zuletzt den Willen selbst dazu anhalten, die Menschen, zu denen auch die Nachfolger Jesus gehörten, für Gott gewinnen zu wollen. Allein das lebenslange Wissen um sein eigenes frühes und grausames Sterben hat Ihn nicht als Rächer auftreten lassen, sondern Er hat Seinen Feinden die Vergebung angeboten, das sie mitunter noch rasender hat werden lassen. Unvorstellbar, wie viel Liebe aber für diese Hingabe Seiner Mission erforderlich ist, um nicht einzuknicken in Groll, Bitterkeit, Verachtung und Unverständnis. Oder bildet ihr euch ein, Jesus wäre nicht auch täglich auf Widerstand gestoßen bei der Verkündigung der Frohen Botschaft? Genauso schwer wiegt die psychische und seelische Anteilnahme der Mutter Jesu über dessen

Schmerzen aller Art. Es war sozusagen das Opfer im Opfer. Im Vordergrund steht dabei aber ihre aufopfernde Liebe für die Erlösung der Menschheit und des jüdischen Volkes, in der Maria im unermesslichen Schmerz ihren Geist zu ihrem Schöpfer erhob.

Maria sagt indessen zu der Greisin: „Mein Sohn, hat mir gesagt, wie gut du zu ihm gewesen bist. Lass mich dich küssen, um dir damit zu sagen, dass ich dankbar bin. Ich habe nichts, womit ich dich belohnen könnte, außer meiner Liebe. Auch ich bin arm ... und auch ich kann sagen, dass ich keinen Sohn mehr habe, denn er gehört Gott und seiner Mission ... und so soll es immer sein, denn heilig und gerecht ist alles, was Gott will."

Während Abraham im letzten Moment abgehalten wurde, Hand anzulegen an seinem Sohn Isaak, vollbringt die Mutter Jesu im lebenslangen Gehorsam ebendies täglich das Unvermeidbare vor Gott. Wie bei dem Abbild des gekreuzigten Jesus laden die vielen nostalgischen Darstellungen der Schmerzensmutter gleichwohl zu einem armseligen Mitleid mit den Schmerzen Mariens ein, ohne auch nur im Geringsten das Heil zu bedenken, welches dem hohen ethischen Maßstab ihrer unaufhörlichen Liebe zu uns abzulesen ist. Gegenüber der neuen Wirklichkeit eines duldsam vollbrachten Erlösungswerk gewinnt fortan der bleibend bildhafte Eindruck einer wehrlosen und unter dem Kreuze verharrenden besiegten Mutter. Etwa weil uns weisgemacht wird, dass nur das Opfer am Kreuz und am Leib Essenz ist für die Religion, weil allein dieses die ausweglose Sünde reinwäscht? Das klingt ganz nach dem alten Israel, das erlesene Opfertiere geschlachtet hat, um sie dem ewigen Vater als Sühne für die Sünden der Menschen anzubieten. So macht ihr es euch zu leicht! Immerhin war es die Liebe des Sohnes und jene der Mutter zum himmlischen Vater, die diesen besänftigen konnte, und ausgerechnet sie wollt ihr untergraben?

In der Synagoge in Ephraim, wohin Jesus sich zeitweilig vor dem Bann des Synedriums aus Jerusalem in Sicherheit gebracht hat, wendet er sich dem Volk zu und beginnt seine Rede: *„Als die Hebräer von Cyrus, dem Perserkönig, in die Heimat zurückgeschickt wurden, um den fünfzig Jahre zuvor zerstörten Tempel Salomons wieder aufzubauen, wurde der Altar auf seinem alten Fundament neu errichtet und darauf morgens und abends das tägliche Brandopfer dargebracht. Auch das außergewöhnliche Opfer an jedem Monatsersten und an den sonstigen, dem Herrn geweihten Feiertagen sowie die individuellen Opfergaben wurden darauf verbrannt. Nachdem die ersten unentbehrlichen und wesentlichen Kulthandlungen gesichert waren, begannen sie im zweiten Jahr nach der Rückkehr mit dem, was man den Rahmen des Kultes nennen könnte, das Äußerliche. Zwar kein schuldhaftes Unternehmen, denn es geschah, um den Ewigen zu ehren, aber auch kein unbedingt notwendiges. Denn der Gottesdienst ist Liebe zu Gott, und die Liebe fühlt und übt man im Herzen, nicht vermittels behauener Steine und mit kostbarem Holz, Gold und Weihrauch. Alle diese Dinge sind Äußerlichkeiten und dienen mehr dazu, dem eigenen nationalen oder bürgerlichen Stolz genugzutun, als den Herrn zu ehren.*

Gott verlangt einen Tempel des Geistes. Er begnügt sich nicht mit einem gemauerten, marmornen Tempel, in dem der Geist der Liebe fehlt. Wahrlich, ich sage euch, der Tempel des reinen und liebenden Herzens ist der einzige Tempel, den Gott liebt und in dem er Wohnung nimmt mit seinem Licht. Und töricht ist der Wettstreit, den Gebiete und Städte hinsichtlich der Schönheit der einzelnen Gebetsstätten miteinander austragen. Warum denn wetteifern mit Reichtum und Ausstattung der Häuser, in denen man Gott anruft? Könnte denn das Endliche je dem Unendlichen gerecht werden, selbst wenn das Endliche zehnmal schöner als der Tempel Salomons und alle Königspaläste zusammen wäre? Gott, der unendliche, der von keinem Raum umschlossen und durch keine materielle Zier geehrt werden kann, findet den einzigen Ort, der seiner würdig ist, und er kann, vielmehr will sich im Herzen des Menschen niederlassen; denn der Geist des Gerechten ist ein Tempel, über dem der Geist Gottes im Duft der Liebe schwebt, und bald wird er ein Tempel sein, in dem der Herr, als der Eine und Dreieine wie im Himmel, seine wirkliche Wohnung aufschlägt.

… Und man liest weiter, dass die Nachbarvölker die Erbauer des Tempels störten, denn sie wollten sich rächen, weil man sie abgewiesen hatte, als sie sich erboten, beim Bau zu helfen; denn auch sie suchten den Gott Israels, den einen und wahren Gott. Und diese Störungen unterbrachen den Gang der Arbeiten so lange, bis es Gott gefiel, sie fortsetzen zu lassen. So steht es im Buch Esdras geschrieben. Wie viele und welche Lehren enthält dieser Abschnitt?

Die bereits genannte, dass **der wahre Gottesdienst in den Herzen stattfinden muss** *und ihm nicht durch Steine und Hölzer oder Gewänder, Zimbeln und Gesänge, denen der Geist fehlt, Ausdruck verliehen werden kann. Dass der Mangel an gegenseitiger Liebe immer Anlass zu Verzögerungen und Störungen ist, auch wenn man einen an und für sich guten Zweck vor Augen hat. Gott kann nicht dort sein, wo die Liebe fehlt. Nutzlos ist es, Gott zu suchen, wenn man vorher nicht die notwendigen Voraussetzungen schafft, um ihn finden zu können. Gott findet man in der Liebe. Derjenige oder diejenigen, die sich in der Liebe festigen, finden Gott, ohne ihn lange und mühsam suchen zu müssen. Und wer Gott an seiner Seite hat, dem gelingt alles, was er unternimmt.*

In dem Herzen eines Weisen entsprungenen Psalm, nach der Betrachtung der schmerzlichen Ereignisse beim Wiederaufbau des Tempels und der Mauern, heißt es: ‚Wenn der Herr das Haus nicht baut, mühen die Bauleute sich umsonst. Wenn der Herr die Stadt nicht bewacht, späht der Wächter umsonst.'

Aber wie kann Gott das Haus bauen, wenn er weiß, dass seine Bewohner ihn nicht im Herzen haben, da sie ihre Nachbarn nicht lieben? Und wie kann er die Städte beschützen und ihren Verteidigern Kraft verleihen, wenn er nicht in ihnen wohnen kann, da ihr Hass gegen die Nachbarvölker sie gottlos macht? Hat es euch einen Vorteil gebracht, ihr Völker, durch die Schranken des Hasses getrennt zu sein? Hat euch dieser Hass mächtiger, reicher und glücklicher gemacht? Niemals kann Hass oder Rachsucht nützen, niemals kann stark sein, wer allein ist, niemals wird geliebt, wer selbst nicht liebt. Und vergeblich ist es, sich vor Tagesgrauen zu erheben, wie der Psalm sagt, um mächtig, reich und glücklich zu werden. Ein jeder möge sich die nötige Ruhe gönnen als Trost für die Trübsal des Lebens; denn der Schlaf ist eine Gabe Gottes, wie das Licht und alles andere, an dem sich der Mensch erfreut. Ein jeder möge sich seine Ruhe gönnen; doch soll er im Schlaf und im Wachen die Liebe als Genossin haben, und seine Werke werden gedeihen und seine Familie und seine Geschäfte werden blühen. Und vor allem wird sein Geist erblühen und die königliche Krone der Kinder des Allerhöchsten und Erben seines Reiches erwerben."

Nur die Liebe ist imstande zu vergeben, indem sie richtungsweisend zur Wahrheit einlädt. Ob es nun die Liebe am Kreuz war oder jene zur Evangelisierung, macht keinen Unterschied. Christus hat bekanntlich bereits auf Seinem Lebensweg unzähligen Sündern ihre Schuld vergeben und da war Er zeitlich gesehen noch weit entfernt von Seinem großen Opfer am Kreuz. Die Quelle der Barmherzigkeit im allzeit lebendigen Vater zu wissen, anstatt vorwiegend im geopferten Körper einer Gottheit zu vermuten, ist von entscheidender Bedeutung. Der Gehorsam Christi als schier unüberwindliches Opfer bis zum Tod ist dabei bedeutsam für den ewigen Sieg gegen den Ungehorsam. Die Macht dieses Sühneopfers, das hinter Seinem lebenslangen Wort und Taten stand und immer noch steht, ist und bleibt ausschließlich Seine unnachgiebige Liebe für den Vater, aus der die Hingabe zu allen Seinen Geschöpf zu erklären ist.

Nach wie vor verzehrt sich auch das Mutterherz in der Liebe zum Schöpfer als unerschöpfliche und unbesiegbare Quelle, mit der sie heute wie ehedem ihren Schmerz erduldet angesichts der unaufhörlichen persönlichen Angriffe gegen das Evangelium Ihres Sohnes, das auch ihr Evangelium war. Letzteres auszublenden in der übertönten Wahrnehmung körperlicher Schmerzen und Besiegbarkeit wäre vermessen. Der Stolz ist der natürliche Feind der Liebe, lasst uns das allenthalben nochmal gesagt haben. Mit einer Kuh als Schlachtopfer, wie es heute in ihren geheimen Bunden rechte Zionisten planen, wieder in ihren Riten aufzunehmen, würdet ihr mithin weitaus weniger Schaden anrichten für eure Seelen und hättet damit genauso wenig erreicht, wenn ihr es so betrachtet.

„... Ich betete, um durch mein Gebet die Worte Satans zu verdrängen. Doch das Gebet stieg nicht mehr auf zu Gott. Es fiel auf mich zurück wie die Steine einer Steinigung und zermalmte mich unter seinem Gewicht. Das Gebet, das für mich immer eine dem Vater geschenkte Liebkosung war, eine emporsteigende Stimme, der die Liebkosung und das Wort des Vater antworteten, war nun tot und schwer, und vergebens sandte ich es zum verschlossenen Himmel.

Wenn Gott hilft, ist es leicht, selbst die Welt hochzuheben und sie wie ein Kinderspielzeug zu halten. Aber wenn Gott nicht mehr hilft, kann auch das Geweicht einer Blume uns ermüden.

Ich habe die Verzweiflung und Satan, ihren Urheber, besiegt um Gott und euch zu dienen und euch das Leben zu schenken. Aber ich habe den Tod kennengelernt. Nicht den physischen Tod am Kreuz – dieser war weniger schrecklich – sondern den absoluten, bewussten Tod des Kämpfers, der fällt, nachdem er mit gebrochenem Herzen gesiegt und Blut vergossen hat in dem Trauma einer seine Kräfte übersteigenden Anstrengung. Ich habe Blut geschwitzt. Ich habe Blut geschwitzt, um den Willen Gottes treu zu sein. ..."

„Wenn ich mich im Opfer der Liebe verzehrt habe, wird die Liebe kommen. Sie wird wie eine schöne Flamme sein, die von dem dargebrachten Opfer aufsteigt. Und diese Flamme wird nicht erlöschen, denn das Opfer wird kein Ende haben. So wie es begonnen hat, wird es bestehen, solange die Welt besteht."

Wann also beenden wir endlich diesen nutzlosen Katzenjammer, ahmen stattdessen die Liebe der Mutter nach, die auch nur ein Mensch war; nicht irgendein Mensch, aber ein Mensch. Indem wir in unserem vielbeweinten Schmerz und Selbstmitleid unseren Geist (Seele) zu Ihm, dem Erstgeborenen im Neuen Bund, erheben, schöpfen wir von der einen Liebe zum ewigen Vater, die uns der selbsttätigen Mühe befähigt, die Ihm gefällt. Welches Mittel könnte dafür geeigneter sein als das Allerheiligste

Altarsakrament, wofür Christus es eingesetzt hat, damit sich erfülle in Reichweite des Menschen **der Neue Bund, in dem das dem Auferstandenen entspringende eucharistische Herz auch auf Erden stetig sich verzehrt in Liebe zu Seinem Vater; wie ehedem vereint mit dem Herzen Seiner Mutter.**

Vereint in ihren Herzen in der Liebe zum Schöpfer und Seinem Wort lässt sich das eigene geistige oder physische Leid spielend leicht mit ihrem Leid vereinen, um es erträglicher zu halten und besser zu verstehen. Das ist kein Denksport. Was wir als geistiges und moralisches Leid im Hier und Jetzt wahrnehmen, ist der Widerstand, der sich heute noch gegen Sein Wort regt. Wer im eucharistischen Herzen mit der Liebe Christi zum Vater vereint ist, den trägt Christus auch im Leid. Umgekehrt ist der Mensch dann auch willens und fähiger, das eigene Kreuz bis zum Ende zu tragen, denn er oder sie können erahnen durch welches Feuer die unnachgiebige Liebe Jesu und Mariens zum Vater bzw. Seiner Schöpfung gegangen ist. Hinweisend ist der Heilige Geist die Fülle von allem und der himmlische Lohn auf Erden für alle im Namen des Glaubens begangenen Opfer und Überzeugungen.

„*Ich bin die Auferstehung und das Leben. Wer an mich glaubt, wird leben, auch wenn er tot ist. Und wer glaubt und in mir lebt, wird in Ewigkeit nicht sterben!*"
„*Und du, Martha? Hast auch du es gelernt ...? Nein, noch nicht. Du bist meine Martha, aber noch nicht meine vollkommene Anbeterin. Warum handelst du nur und betrachtest nicht? Das Betrachten ist heiliger. Siehst du? Deine Kraft, die sich zu sehr den irdischen Dingen zuwendet, hat dich im Stich gelassen angesichts der irdischen Tatsachen, für die es manchmal keine Hilfe zu geben scheint. Für die irdischen Probleme gibt es tatsächlich keine Hilfe, wenn Gott nicht eingreift. Das Geschöpf muss deshalb zu glauben und zu betrachten wissen. Es muss bis zum Äußersten mit allen seinen menschlichen Kräften, mit den Gedanken, der Seele, dem Fleisch und dem Blut,*

zu leben wissen. Ich wiederhole, mit allen Kräften, deren der Mensch fähig ist. Ich will dich stark, Martha. Ich will dich vollkommen. Du konntest nicht gehorchen, weil du es nicht verstanden hast, vollkommen zu glauben und zu hoffen; und du konntest nicht glauben und hoffen, weil du nicht vollkommen lieben konntest. Aber ich verzeihe dir. Ich spreche dich los, Martha. Ich habe heute Lazarus auferweckt. Nun gebe ich dir ein stärkeres Herz. Ihm habe ich das Leben wiedergegeben. Dir flöße ich die Kraft ein, in vollkommener Weise zu lieben, zu glauben und zu hoffen. Seid nun glücklich und im Frieden. Verzeih allen, die euch in diesen Tagen gekränkt haben."

Ein Gespenst geht um

Verweilt man eine Weile in den Kirchenbänken einer katholischen Kirche, kann man früher oder später immer wieder dasselbe Schauspiel beobachten. Das Schreckgespenst namens Gläubige betritt die Kirche, schreitet ohne eine Regung am Tabernakel vorbei und läuft schnurstracks in die Seitenkapelle, die zwar ohne Tabernakel ausgestattet ist, dafür aber mit einem übergroßen Kruzifix an der Wand oder dem gegeißelten und mit Dornen gekrönten Jesus. Dort verharrt es dann für eine kurze Weile im Gebet, um anschließend auf die gleiche Art, ignorant für das Allerheiligste, die Kirche wieder zu verlassen. Wenn man lange genug wartet, kommt noch ein zweiter und unter Umständen sogar noch eine dritte Person mit den gleichen Allüren. Man kauft doch auch kein neues Auto nur für die Garage und um hin und wieder eine Sitzprobe machen zu können. In der vielleicht nüchternsten katholischen Kirche im Münchner Süden oder gar in ganz Bayern hängen sage und schreibe 4 Kruzifixe, davon 3 überdimensioniert, ein fünftes so hoch wie die Kirche an der Außenfassade stirnseitig und ein sechstes steht außen noch vor dem Hauptportal, gleichwohl weit und breit kein Bildnis von dem auferstandenen Jesus.

Warum fällt das keinem auf? Hat niemand Ambitionen, das Bild des Auferstandenen auch außerhalb von Ostern zu sehen neben den vielen Leidensdarstellungen? Dabei wären die teils sehr schönen barocken Darstellungen vom Auferstandenen in allen Kirchen vorhanden; sie werden nur leider hochoffiziell nach dem Ende der Osterzeit wieder im Dachboden oder irgendeiner Abstellkammer eingemottet. Ein getreueres Sinnbild dieses paradoxen Phänomens könnte die katholische Kirche nicht liefern für die mangelnde Verbundenheit mit dem eucharistischen Herzen Jesu im Alltag. Andere sogenannte Gläubige haben weder das Kruzifix noch den Tabernakel im Visier, sondern stürzen sich Hals über Kopf auf den Schriftenstand. In der Regel interessieren sich Außenstehende nicht für katholische Informationsbroschüren in einer Kirche, folglich sind das durchweg Gläubige. Wie würden sie das nennen? Etwa Glaube? Ich bezeichne es als toxische Anhänglichkeit, als furchterregendes Geschwür.

Jesus schaut um sich. Er sieht Feuerschein und Rauch am Rand des Gartens, dort, wo das Grab liegt. Allein auf einem Weg zurückgeblieben, sagt er: „Die Fäulnis, die vom Feuer vernichtet wird ... die Fäulnis des Todes ... Aber jene der Herzen ... **dieser** *Herzen, kann kein Feuer vernichten ... Nicht einmal das Feuer der Hölle. Sie wird ewig währen ... Welch ein Gräuel ...! Schlimmer als der Tod ... Schlimmer als die Verwesung ... Und ... Aber wer wird dich retten, o Menschheit, wenn du es so sehr liebst, verdorben zu sein? Du willst verdorben sein. Und ich ... Ich habe mit einem Wort einen Menschen dem Grab entrissen ... Und mit unzähligen Worten ... mit einem Meer von Schmerzen kann ich den Menschen, die Menschen, Millionen Menschen, nicht der Sünde entreißen." Jesus setzt sich und bedeckt sein Gesicht mit den Händen; er ist zutiefst betrübt ...*

Warum greift alsdann nur selten jemand die Schmerzen Jesu auf, die Er bei dem Gedanken gehabt haben muss, dass Sein Wirken für viele Menschen dennoch vergebens gewesen sein wird, wie zum Beispiel für Judas, Seinen Apostel? Gerade sie bedürfen unseres unaufhörlichen Gebetes, die wir unaufhörlich von

Seiner Gnade schöpfen! Wofür den Tod und die Leibesschmerzen am Kreuz überladend betrauern und unentwegt den Finger in offenen Wunden rühren, um am Ende die Liebe zu vernachlässigen, aus deren Antrieb das Opfer begangen wurde, die alles wohl überstanden hat und immer noch fortdauert? Der Nostalgie wegen? Hat er uns nicht vielmehr Sein ganzes kurzes Menschenleben lang mit Liebe die Wahrheit über die Liebe gelehrt, und nun soll gerade sie tot sein, nur weil Sein irdisches Ende äußerlich lieblos und grausam in Erscheinung tritt?

Ist diese unausweichliche Grausamkeit nicht gerade der Beweis dafür, wie unnachgiebig Seine Liebe zu uns Menschen in Wahrheit ist, die sich wie ein roter Faden durch Sein ganzes Lebens- und Erlösungswerk zieht? Die Liebe, die auch uns hinaustragen sollte zu unseren Geschwistern, um ihnen die Kunde von der Frohen Botschaft zu bringen. Alles, womit Er Sein leibliches Opfer bestritten und sich ein Leben lang abgemüht hat, soll jetzt tot sein und der Tabernakel ein Grab? Wäre das nicht mehr als bizarr? Wo denkt ihr hin, denkt überhaupt noch jemand, wenn es um Religion geht? Die fortwährende Betrachtung über das Leben Jesu ist eines der wertvollsten Mittel zur Vervollkommnung des Glaubens, weil man damit unwillkürlich immer wieder zum Ankerzentrum des Wirkens Jesu zurückkehrt: Vergebung *und* Heiligung der Seele in der Liebe und für die Liebe, für Gott und zu Gott hin.

„*… Lazarus ist tot. Ich habe gewartet, bis er tot ist, um nach Bethanien zu gehen; nicht seiner Schwestern und seinetwegen, sondern euretwegen, damit ihr glaubt. Damit ihr im Glauben wachst. Gehen wir zu Lazarus.*"

„*Nun gut! Gehen wir also! So werden wir alle sterben, wie er gestorben ist und wie du sterben willst*", sagt Thomas im Ton eines resignierten Fatalisten.

„*Thomas, Thomas, und ihr alle, die ihr in eurem Inneren murrt und kritisiert! Wisst, w e r m i r n a c h f o l g e n w i l l , d a r f s i c h u m s e i n L e b e n n i c h t m e h r s o r g e n , a l s d e r V o g e l s i c h u m d i e v o r ü b e r z i e h e n d e W o l k e s o r g t . Er muss sie vorüberziehen lassen, wie auch immer der Wind wehen mag. Der Wind ist der Wille Gottes, der euch das Leben nach Gefallen geben oder nehmen kann, und ihr sollt euch nicht bekümmern, wie auch der Vogel sich nicht um die vorüberziehende Wolke kümmert, sondern fortfährt zu singen in der Gewissheit, dass der Himmel sich wieder aufheitern wird. Denn die Wolke ist ein Zwischenfall, der Himmel aber ist die Wirklichkeit. Der Himmel bleibt immer blau, auch wenn ihn die Wolken mit Grau zu überziehen scheinen. Er ist und bleibt blau über den Wolken. Und so ist es auch mit dem wahren Leben. Es ist und bleibt bestehen, auch wenn das menschliche Leben aufhört. Wer mir nachfolgen will, darf keine Angst vor dem Leben und um sein Leben haben. Ich werde euch zeigen, wie man den Himmel erobert. Aber wie könnt ihr mich nachahmen, wenn ihr Angst habt, mit nach Judäa zu kommen, ihr, denen vorerst nichts Böses angetan werden wird? Fürchtet ihr euch, mit mir gesehen zu werden? Ihr seid frei, mich zu verlassen. Aber wenn ihr bleiben wollt, dann müsst ihr lernen, der Welt mit ihrer Kritik, ihrer Bosheit, ihrem Spott und ihrem Leiden zu trotzen, um mein Reich zu erobern. Wir werden also gehen und Lazarus, der schon seit zwei Tagen im Grab ruht, dem Tod entreißen."*

Misst man umständehalber der Nostalgie Bedeutung bei – und dazu lädt nun mal die liturgische Gestaltungsform im Gottesdienst seit Urzeiten sehr erfolgreich ein, wie wir soeben erkannt haben – wird Christus eine künstliche Interpretation zugeschrieben, um eine Kunstfigur erschaffen zu können, welche die Fakten am Ende romantisiert. Der israelische Schriftsteller *Etgar Keret* machte bezüglich des Sinns seines eigenen Handwerks im Frühjahr 2023 in einem Feuilleton der *SZ* folgende Aussage: „Wenn die Kunst dümmer als das Leben ist, verstehe ich *ihre Funktion nicht.*" Mit der Liturgie ist es nicht anders. Mittels des nostalgischen Kunstgriffs wird der leidende Christus Seiner wahren Größe beraubt zu Gunsten einer ewigen kunstvollen Opferrolle, die Seiner nicht würdig ist, weil sie sich statisch am Mitleid mit einem Leidenden ergötzt. Eine selbsttätige Glaubensdynamik bleibt dem Betrachter verwehrt, weil die

Emotionen diesem vorweg die Werkzeuge des Verstandes aus der Hand nehmen. Das ist grober Unfug und genau genommen ein nicht gering bedeutender Verstoß gegen die katholischen Glaubenswahrheiten. Mitleid kommt dem Selbstmitleid gewissermaßen immer dann gefährlich nahe, wenn der Beobachter nicht darumkommt, im Bildnis sich selbst als elender Mensch wiederzuerkennen mit seinem ganzen physischen und psychischen Schmerzempfinden.

„*Löst euch von der Vergangenheit. Ich wiederhole dies, auch wenn Judas es nicht gerne hört. Reißt aus, beschneidet, veredelt und pflanzt neu. Erneuert euch, grabt die Gräben der Demut, des Gehorsams und des Glaubens. Jene Könige verstanden es zu tun, und sie waren, zwei gegen einen, nicht von Juda und konnten Gott nicht hören, sondern nur den Propheten Gottes, der den Willen des Allerhöchsten kundtat. Sie wären verdurstet in der Dürre, wenn sie nicht gehorcht hätten. Sie gehorchten, und das Wasser füllte die Gräben. Und sie wurden nicht nur vor dem Verdursten bewahrt, sondern besiegten auch die Feinde. Ich bin das Wasser des Lebens. Grabt Gräben in eure Herzen, um mich empfangen zu können. Und nun hört. Ich halte keine langen Reden. Ich gebe euch Richtlinien, damit ihr sie betrachtet. Ihr werdet immer wie diese Kinder sein, oder vielmehr weniger als sie, denn sie sind unschuldig, und ihr seid es nicht. Daher leuchtet das geistige Licht in euch nur schwach, wenn ihr euch nicht daran gewöhnt zu betrachten. Ihr hört immer zu, bewahrt aber nichts, denn euer Verstand schläft, anstatt zu arbeiten.*"

Der Verzicht auf althergebrachte Stilmittel macht gerade die von der Jugend gestalteten Feierlichkeiten so erfrischend. Das sollte schon zu denken geben! Gemeinhin blendet das Mitleid den Gläubigen und dessen Herz bleibt verschlossen für die wahre Größe: die unbeschadete opfernde Liebe, die niemals stirbt und alles überdauert. In der emotionalen Ausdrucksfähigkeit des Mitleids ist die nächste Stufe die Sackgasse des Selbstmitleids, welche wie gesagt eine durchweg menschliche Gefühlsgröße beschreibt und bereits im Ansatz keine andere geistige Größe mehr zulässt, so stark ist ihre Anziehungskraft für die menschliche Psyche. Selbstmitleid ist wie ein Schwamm, weil es nur nimmt und sich damit außer Stande sieht, den altruistischen Gedanken aufrechtzuerhalten, geschweige denn Empathie zu entwickeln. Was die Gläubigen zeitweilig versäumen, ist **Zeugnis Seiner Barmherzigkeit und lebendiges Abbild Seiner Liebe** zu sein.

„Es ist nicht, dass ihr Mühe habt zu begreifen; ihr **wollt** *nicht verstehen. Mangelndes Begriffsvermögen wäre keine Schuld. Gott besitzt so viel Licht, dass er auch den schwächsten Geist erleuchten kann, wenn er voll guten Willens ist. Dieser aber fehlt auch. Euer Wille ist vielmehr das Gegenteil. Und daher versteht ihr nicht, wer ich bin."*

Im Gegensatz zum Selbstmitleid ist die opfernde Liebe Christi nie ausweglos gewesen, sondern reicht bis in die Gegenwart. Die Liebe Jesu Christi hat nie Schaden genommen und wird es in alle Ewigkeit nicht tun. Eure Gebräuche erscheinen in einem falschen Licht, so als wäre streng genommen ausschließlich im sterbenden und leidenden Sohn die Liebe zur Vergebung zu suchen. Ständig die physischen Grausamkeiten einseitig in den Fokus zu nehmen bis zum Erbrechen, das kann doch nicht die Frohe Botschaft sein und gibt derweil bestimmt keinem Menschen den Anstoß zur Umkehr, um sich auf die Suche nach dem Heil für die eigene Seele zu machen – dafür gebt ihr selbst das beste Beispiel!

Das Opfer für das Heil der Menschen war im Leben Jesu bereits nach Seiner Geburt und spätestens mit dem Beginn der geistigen und körperlichen Mühen für Sein Wirken durch Wort und Tat in jeder Faser Seines Körpers präsent. Ganz zu schweigen von der Weigerung und dem Trotz Einzelner und vieler, die schließlich durch unlautere Mittel eine ganze Flut des Aufbegehrens auslösten, welche die Verurteilung zum grausamen

Tod am Kreuz zur Folge hatte. Für Christus war es ein unausweichliches Schicksal, das er sich nicht selbst ausgesucht hatte, in das er sich hat aber freiwillig gefügt, um Sein vorausgegangenes Opfer und die damit verbundene Verkündigung nicht in sich zusammenfallen zu sehen. So wird das Kreuz zum Symbol für das gesamte Lebenswerk Christi, mit dem auch jenes der Mutter unwiderruflich verwoben ist, und zum Symbol für ihrer beider unnachgiebigen Liebe zu Gott, dem Vater, und dessen Schöpfung.

Jesus, an Maria Valtorta gewandt: ... *„Der Verstand des Menschen, der Beweis seiner himmlischen Herkunft, ermüdete beim Ersinnen von Qualen von ausgesuchter Fruchtbarkeit. Der Mensch gebrauchte alles, sein ganzes Selbst und alle seine Teile, um den Sohn Gottes zu quälen.*

Und er rief die Erde und alles auf ihr zu Hilfe, um zu quälen. Er machte aus den Steinen der Bäche Wurfgeschosse, um mich zu verwunden. Aus den Zweige der Bäume Ruten ...

Alles, alles, alles hat dazu beigetragen, den Sohn Gottes zu quälen. Ihm, um dessentwillen alle Dinge geschaffen worden waren, wurden in der Stunde, da e r d i e G o t t d a r g e b r a c h t e O p f e r g a b e w a r, alle Dinge zum Feind. Dein Jesus, Maria, hat nichts gehabt, was ihm Erleichterung verschafft hätte. Alles, was ist, wandte sich gleich zornigen Vipern gegen mich, um mein Fleisch zu zerreißen und meine Leiden zu vermehren.

An all dies solltet ihr denken, wenn ihr leidet. W e n n i h r e u r e U n v o l l k o m m e n h e i t m i t m e i n e r V o l l k o m m e n h e i t v e r g l e i c h t , u n d m e i n e n S c h m e r z m i t d e m e u r i g e n , w e r d e t i h r e r k e n n e n , d a s s d e r V a t e r e u c h m e h r l i e b t , a l s e r m i c h i n j e n e r S t u n d e g e l i e b t h a t ; u n d d a h e r s o l l t e t i h r i h n m i t e u r e m g a n z e n S e i n l i e b e n , w i e i c h i h n t r o t z s e i n e r S t r e n g e g e l i e b t h a b e . "

Warum seid ihr demgemäß so gierig nach Seinem Blut und dürstet so wenig nach der ganzen Wahrheit? Den Kreuzestod undifferenziert zu betrachten, wie es unter anderem massenhaft auf beklagenswerte Weise in einer unzulänglichen Fassung der

Liturgie passiert, kann zum Stein des Anstoßes werden, indem die Psyche des Menschen vor den Kopf gestoßen wird und unbewusst eine Flut der inneren Empörung unaufhaltbar macht. Schrecken verbreiten können auch Selbstmordattentäter. Das ist keine Religion. Wenn Katholiken in der selben Manier das Kruzifix ohne jeden Verstand oder Erklärung zur Schau stellen, hat das bei Ungläubigen bzw. Andersgläubigen die gleiche Wirkung, wie wenn wir auf die Hilflosigkeit der sogenannten Märtyrer in der islamischen Welt schauen. Vielmehr ist der aktive Gläubige stets gefordert, selbst Verantwortung zu übernehmen und die andere Seite der Medaille hochzuhalten. Zum Beispiel war das uneingeschränkte Opfer Christi auch eine Aufforderung an Seine Erlösten, nicht zu hadern mit irdischen Anhänglichkeiten oder mit dem Leben selbst im Diesseits, wenn ein paar Wolken aufziehen am Horizont. Über den Wolken ist der Himmel stets blau.

„Die Wolke ist ein Zwischenfall, der Himmel aber ist die Wirklichkeit. Der Himmel bleibt blau, auch wenn ihn die Wolken grau zu überziehen scheinen ... so ist es auch mit dem wahren Leben. Es ist und bleibt bestehen, auch wenn das menschliche Leben aufhört. Wer mir nachfolgen will, darf keine Angst vor dem Leben und um sein Leben haben."

„... Der Täufer war ein Mensch unserer Zeit. Viele von euch haben ihn gekannt. Ahmt sein heroisches Beispiel nach. Er hat aus Liebe zum Herrn und zu seiner Seele auf mehr als ein Auge und eine Hand verzichtet; er hat sein Leben hingegeben, um der Gerechtigkeit treu zu bleiben. Viele von euch sind vielleicht seine Jünger gewesen und sagen immer noch, dass sie ihn lieben. Aber bedenkt, dass die Liebe zu Gott und die Liebe zu einem Meister, der zu Gott führt, sich darin zeigt, dass man tut, was sie gelehrt haben, dass man ihre Werke der Gerechtigkeit nachahmt und Gott liebt mit allen seinen Kräften bis hin zum Heroismus. Seht, wenn man so handelt, dann liegen die Gaben der Gesundheit und der Weisheit, die Gott gewährt hat, nicht brach und führen nicht zur Verdammnis, sondern werden zu einer Leiter, auf der man zum Haus meines und eures Vater hinaufsteigt, der alle in seinem Reich erwartet.

Sorgt dafür, dass das Opfer des Täufers, ein ganzes Leben des Opfers bis zur Vollendung im Martyrium, und auch mein Opfer, wiederum ein ganzes Leben des Opfers, das in einem hundert- und tausendmal größeren Martyrium enden wird als das meines Vorläufers, nicht umsonst sei für euch.

Seid gerecht, habt Glauben, seid dem Wort des Himmels gehorsam und erneuert euch im neuen Gesetz. Die gute Botschaft sei für euch wirklich gut, indem sie euch gut macht, damit ihr es verdient, euch der Güte selbst, also des höchsten Herrn, in einem ewigen Leben zu erfreuen. Wisst die wahren von den falschen Hirten zu unterscheiden und folgt denen, die euch die von mir gelernten Worte des Lebens bringen.

Das Lichterfest ist nahe, die Feier der Tempelweihe. Erinnert euch daran, dass die Lichter der vielen Lampen zu Ehren des Festes und des Herrn nichtig sind, wenn euer Herz ohne Licht bleibt. Dieses Licht ist die Liebe, und der Leuchter ist der Wille, den Herrn mit guten Werken zu lieben. Sich der Einweihung des Tempels zu erinnern, ist gut; aber viel wichtiger und Gott angenehmer ist die Weihe der eigenen Seele. Weiht Gott aufs Neue eure Seele durch die Liebe. Gerechte Seelen in gerechten Körpern sollt ihr haben; denn der Körper gleicht der Mauer, die den Altar umgibt, und der Geist ist der Altar, auf den die Herrlichkeit des Herrn herabsteigt. Gott kann nicht auf Altäre herabsteigen, die durch persönliche Sünden oder durch die Berührung mit wollüstigem Fleisch und bösen Gedanken entweiht sind.

Seid gut. Die Mühe, es zu sein in den beständigen Prüfungen des Lebens, wird euch überreich vergolten durch die ewige Belohnung und schon jetzt durch den Frieden, der die Herzen der Gerechten tröstet am Ende eines jeden Tages, wenn sie sich frei von Gewissensbissen zur Ruhe legen, den Gewissensbissen, die der Alptraum derer sind, die unerlaubten Vergnügungen nachgehen und dabei in friedloser Unruhe leben.

Beneidet nicht die reichen Leute, hasst niemanden und verlangt nicht nach dem, was andere haben. Seid zufrieden mit eurem Stand und bedenkt, dass in der Erfüllung des göttlichen Willens in allen Dingen der Schlüssel liegt, der die Tore des ewigen Jerusalem öffnet.

... Mein Segen wird dazu dienen, dass die Starken nicht fallen und die Schwachen sich wieder erheben. Nur für die, die mich verraten, weil sie mich hassen, wird mein Segen nutzlos sein."

Am Ende kommt es immer darauf an, wie das Leiden Jesu dem Unbeteiligten und Zaungast vermittelt wird. Aus Sicht der Mörder ist Christus ein Antiheld, dessen Liebe zum einfachen Volk eine aufrührerische Liebe war mit dem Ziel, den freiwilligen Märtyrertod hinzunehmen oder gar zu suchen, vergleichbar mit den Selbstmordattentätern in der islamisch geprägten oder vereinzelt auch in der westlichen Welt, die meinen, ja sogar glauben, mit Gewalt am eigenen oder dem Leben anderer mehr erreichen zu können. In Wahrheit hatte die Liebe Jesu zu Seinem Auftrag für die Verkündigung der Liebe keine Grenzen, weil sie alle Menschen erreichen will, nicht nur das einfache Volk. Der Widerstand, der von Anfang an das lebenslange Leiden Jesu ausgelöst hatte, kam und kommt noch heute vor allem von den stolzen und eingebildeten Menschen, die meinen viel zu besitzen und alles zu verlieren, sollte Seine Religion an Einfluss hinzugewinnen. Zum einen äußerte sich das Leiden Jesu mit diesen Ärmsten als Konsequenz des tiefsten Mitgefühls angesichts ihres groben und selbstgewählten Unverständnisses.

Andererseits folgte dem kurzsichtigen Willen ihrer Widerspenstigkeit der noch viel bösartigere Wille, Jesus für alle Zeit unschädlich zu machen, zunächst mittels alt bewährter Methoden des Rufmordes, um das letzte Wort für sich behalten zu können. Letzteres schreckte schließlich auch vor körperlicher Züchtigung mit dem Gerichtsurteil für eine vor aller Augen zur Schau gestellten Bestrafung nicht zurück. Wie hätte Christus anders reagieren können, als Seiner eigenen Bestrafung entgegenzusehen, um Seiner Botschaft auch weiterhin gerecht werden zu können. Den weitaus größeren Verlust hätte für Ihn Abstriche in der Liebe zur Verkündigung bedeutet, deshalb mündete das lebenslange aktive aufopfernde Leiden Jesu in das große Finale

Seiner verkündigenden Liebe mit einem zur Schau gestellten, aber aufgezwungenen Leiden am Kreuz.

Die Liebe Jesu hatte also zu keiner Zeit Einbußen machen müssen, weshalb sie bis heute unser uneingeschränktes Vertrauen genießen darf. Erstens, weil sie unbeirrt durch das Feuer der Schmerzen gegangen ist, um Zeugnis zu geben von ihrer realen Existenz, und zweitens, weil auch der Tod Jesus und Seiner Liebe zu den Menschen nichts anhaben konnte. Sie wird im Gegenteil mit der Auferstehung für alle Zeiten unbeschadet bleiben. Kann es denn eine größere Garantie für unsere Erlösung geben?

Ohne es zu wollen, haben die Mörder der Liebe aus dem Herzen Jesu zu einem wahren Martyrium für die kommende Welt verholfen, um ihr auf dem Weg zur Gewissheit und Sicherheit im Glauben mit größtmöglichen Schritten entgegenzueilen. Der Vater im Himmel Seinerseits hat sich besänftigen lassen in Seinem jahrhundertealten Unmut über die Willkür und den Ungehorsam der Menschen, denn Er hat Gefallen gefunden an dem Opfer Seines Sohnes; allein wegen dessen ausdauernder Liebe, die Er unter Einsatz Seines Lebens selbstlos dafür aufgebracht hat, um hier auf Erden den Menschen zu predigen, zu lehren, barmherzig und mildtätig zu sein mit Seinem authentischen Vorleben und Seinen Worten, die nicht zuletzt sogar am Kreuz um Vergebung für die Mörder rangen.

Mit diesem, Seinem Auftreten auf Erden wollte Christus den Neuen Bund, den der himmlische Vater ursprünglich mit den Menschen suchte, besiegeln. Mir ein Rätsel, wie mancherorts die Kirche daraus einen einseitigen und monströsen Opferkult hat machen können. Dort hat sie es geschafft, das Opfer Christi so zu verkehren, dass die Wahrheit über das ewige Leben erneut verdunkelt wird, so wie einst das Verbrechen und der Mord an Jesus Christus selbst auf Verdunkelung abzielte. Betrachtet man die Frohe Botschaft unseres Herrn tiefergehend, wird einem schnell klar warum das so ist.

Ganze Arbeit meine Herren Zeitgenossen, ganze Arbeit! Ihr schafft es, ein Geheimnis daraus zu machen, wo keines ist und keines sein darf. Oh weh! Ich versichere euch, es wird euch um die Ohren fliegen, so wahr ich hier schreibe. Denn wissen sich nicht jene in der Sackgasse, welche die Vergebungsbitte nicht vertrauensvoll an die Liebe Jesu Christi bzw. den barmherzigen Vater richten können, die zwangsläufig gebunden ist an die bedingungslose Wandlung und eine beständige Umkehr? Da Christus doch alles für sie verdient hat, gibt es folglich keinen Grund für erlöste Seelen, sich im Himmelhochjauchzen eines liturgischen Gloria oder Sanctus im Stolz zu erheben, die Reue hinter sich lassend im allgemeinen Gebrüll der Hosannarufe. Haltet fest an der Reue, jeden Tag und besser öfter am Tag, denn sie ist das Kleinod, das wir als Bewusstsein für unsere Fehlbarkeit aufbieten müssen, um das reine Kleid der Bekehrten nicht neuerdings mit menschlichem Stolz besudelt zu sehen.

„Denkst du nie daran, dass ich ein Leben habe, Zuneigungen und auch Pflichten meiner Mutter gegenüber, und dass diese Dinge mich versuchen zur Flucht vor der Gefahr? Er, die Schlange, nennt es ‚Gefahr'. Aber der wahre Name dafür ist ‚Opfer'. Und glaubst du nicht, dass auch ich Gefühle habe? Die Empfindsamkeit fehlt auch mir nicht, und ich leide wegen der Beleidigungen, wegen des Spottes und der Doppelzüngigkeit. Oh, mein Johannes, fragst du dich nicht, wie abscheulich für mich die Lüge und der Lügner sind? Weißt du, wie oft der Teufel mich versucht, auf diese Dinge, die mich schmerzen, zu reagieren, die Sanftmut aufzugeben und hart und unnachgiebig zu werden? Und schließlich, denkst du nicht daran, wie oft der glühende Hauch des Stolzes mir entgegenweht und spricht: ‚Rühme dich dieser oder jener Tat. Du bist groß. Die Welt bewundert dich. Die Elemente gehorchen dir! Es ist die Versuchung, sich darin zu gefallen, heilig zu sein! Die raffinierteste Versuchung! Wie viele verlieren die schon erlangte Heiligkeit durch diesen Stolz! Wodurch hat Satan Adam verdorben? Durch die Versuchung der Sinne, des Verstandes, des Geistes. Und bin ich nicht der Mensch, der den Menschen neu erschaffen soll? Von mir wird die neue Menschheit

ausgehen. Und sieh, Satan sucht das Menschengeschlecht auf die gleiche Weise und für immer zu vernichten. Jetzt geh zu deinen Gefährten und wiederhole ihnen meine Worte. Und denke nicht daran, ob ich weiß oder nicht weiß, was Judas tut. Denke daran, dass ich dich liebe. Ist dieser Gedanke nicht hinreichend, ein Herz zu beschäftigen.' Er küsst und entlässt ihn.

Wachstumsschmerzen

Es ist in der Tat an der Zeit, das Evangelium eingehender zu betrachten, mit allen zur Verfügung stehenden Mitteln, zum Beispiel mit dem einmaligen Werk von *Maria Valtorta* über das „Leben und Leiden unseres Herrn Jesus Christus". Die Liebe vergibt und belehrt gleichzeitig den Sünder. Den Schmerz Jesu zu betrauern, ist noch keine Erlösungsbitte. Da steckt viel Selbstmitleid mit drin und das Festhalten am eigenen Schmerz, der nur das eigene Ich großmacht. Die wahre Reue macht im Gegenteil klein, damit Gott wachsen kann in einem ehemals sündigen Herzen. Der wahrhaft Gläubige braucht demnach kein Selbstmitleid, denn er findet Halt im Neuen Bund des ewigen Vaters mit dem darin Erstgeborenen als seinem Hirten. **Die Auferstehung unseres Herrn Jesu Christus ist das allumfassende Zeugnis von Seiner entgegen aller Grausamkeit unbeschadeten Liebe.** Sie garantiert unserem Herzen den Aufbruch zu einem beständigen Glaubensleben als Erlöste im Vertrauen und in der ewigen Freude darüber, den Weg zu gehen. Das ist eine ganz, ganz stille Freude und genauso leise ist auch ein wirkungsvoller Glaube.

„Dafür liebt mich der Vater, o mein Volk, o meine Herde! Denn für dich, für dein ewiges Glück gebe ich mein Leben hin. Später werde ich wieder ins Leben zurückkehren. Aber zuerst werde ich es hingeben, damit du das Leben habest und deinen Erlöser besitzest. Ich werde es hingeben auf eine Weise, dass du dich davon

nähren kannst, und werde mich vom Hirten in Weide und Quelle verwandeln, die dir Speise und Trank geben werden, nicht nur vierzig Jahre lang, wie den Hebräern in der Wüste, sondern für die ganze Zeit deines Exils in den Wüsteneien der Erde. Niemand nimmt mir in Wirklichkeit das Leben. Weder jene, die es ihrer großen Liebe wegen zu mir verdienen, dass ich mich für sie aufopfere, noch jene, die mich töten aus maßlosem Hass und törichter Furcht. Niemand könnte es mir nehmen, wenn ich nicht selbst zustimmen und mein Vater es nicht zulassen würde, da uns beide eine unaussprechliche Liebe für die schuldbeladene Menschheit erfüllt. Aus eigenem freien Willen gebe ich mein Leben hin. Und ich habe die Macht, es mir wieder zu nehmen, wann ich will, denn es geziemt sich nicht, dass der Tod über das Leben herrsche. Daher hat der Vater mir diese Macht verliehen. Ja, der Vater hat mir sogar diesen Auftrag gegeben. Und durch die Aufopferung meines Lebens werden die Völker ein Volk werden: das meinige, das himmlische Volk der Kinder Gottes. In den Völkern werden sich die Schafe von den Böcken scheiden, und die Schafe werden dem Hirten in das Reich des ewigen Lebens folgen."

So einfach könnte Bekehrung sein und wäre dann auch der Sinn des Gedenkens. Uns wird zwar viel versprochen im Erlass unserer Schuld und in der Wiederherstellung unserer reinen Seele, den wahrhaften Glauben daran müssen wir aber schon selber beleben, um zu leben, das Leben der erlösten Seele. Alles andere ist Humbug oder Aberglaube und verkommt zu einem perfiden Brauch, der noch dazu gar nicht so leicht zu durchschauen ist in seiner Unverfrorenheit. Davon müssen wir uns lösen wie von einem Sündenschlaf oder einem Krebsgeschwür. Dabei ist die Regel einzuhalten, je einfacher, umso wirkungsvoller.

Das Einfache zu intellektualisieren, um selbst an Größe zu gewinnen, lag ebendies immer schon in der Natur des Menschen, weil dieser oft nichts Vernünftiges anzufangen weiß mit seinem Verstand. *Hannah Arendt* hat einmal gesagt: „Es gibt keine gefährlichen Gedanken; das Denken selbst ist gefährlich." Meistens aber erreicht man unkonventionell mehr als aufwendig inszeniert, so dass es auch ein Kind auf Anhieb versteht. Das einzig Schwierige daran ist der Wind, der einem entgegenbläst in säkularer oder scheinheiliger Gesellschaft. Buchstäblich der unwiderstehlichen Leichtigkeit der Versuchung zu trotzen, dafür muss man stets wachsam bleiben. Am besten gelingt das, indem man sich seiner eigenen Armut vor Gott gewahr bleibt.

Ebenso ergeht es den Menschen, die in die Ströme der Erde geworfen wurden. Sie müssen immer in der Hand Gottes bleiben und ihren Willen, der euren Binsen gleicht, den Händen des guten Vaters im Himmel anvertrauen. Denn er ist der Vater aller, besonders der Unschuldigen. Und sie müssen ein wachsames Auge haben auf Gräser und Binsen, Steine, Wirbel und Schlamm, die das Boot ihrer Seele aufhalten, zerschmettern oder verschlingen und den Faden abreißen könnten, der sie mit Gott verbindet. Denn die Schlange ist nun nicht mehr im Garten, sondern auf der Erde, und versucht, die Seelen zu verderben und sie nicht gegen die Strömung des Euphrat, des Tigris, des Gichon und des Pischon zum großen Fluss gelangen zu lassen. Er fließt durch das ewige Paradies und nährt die Bäume des Lebens und des Heiles, die immerwährende Früchte tragen und die all jene genießen werden, denen es gelingt, gegen den Strom zu schwimmen und sich mit Gott und seinen Engeln zu vereinigen und nie mehr leiden zu müssen.

Seit Urzeiten zeigt sich in religiösen Dingen und insbesondere in der Gerechtigkeit Gottes – nachzulesen im Alten Testament –, dass nur dort, wo der Mensch von Natur aus klein bleibt und Gott aufrichtig sucht, Gottes Macht und Güte sich in Seiner ganzen Fülle zeigt. Dementsprechend mau fällt die Wirkträchtigkeit der Katholiken heute ins Auge. Die Grausamkeiten, die Christus angetan wurden, müssen wir uns nicht ständig ins Gewissen rufen, um Gedenkkultur zu inszenieren, vielmehr wäre es angebracht endlich Jesu ganze Stärke und Weisheit in Seiner Liebe als Zeugnis für die Gerechtigkeit Gottes in Seinem erhabenen Wirken auf Erden geradewegs im Wortgottesdienst erschallen zu lassen anstatt der Trompeten und Geigen eines Hochamtes, die noch dazu völlig nutzlos Unsummen an Geldern verschlingen. Insofern bietet dieses Spektakel wenig Anreiz auch nach dessen Pflichtbesuch und auf die zahlreichen Appelle der Prediger hin, aus freien Stücken das höchste Studium der Liebe im privaten Kreis fortzusetzen, um das Erlösungspotential im Alltag greifbar zu machen.

Er ist der Vater aller, besonders der Unschuldigen.

Als Kind oder Jugendlicher und auch heute nehme ich bei den Gottesdienstbesuchern im Gegenteil nach dem Gottesdienst immer so eine Art kollektiven Überdruss oder ein allgemeines Einstimmen in die Erleichterung über das Ende eines realitätsfremden Holterdiepolters wahr, bei dem man halt mitmacht, damit man für die kommende Woche das Gewissen entlastet, am Ende in den Himmel darf oder sich den Sonntagsbraten auch verdient bzw. sich das Ansehen im Ort nicht verdirbt. Die Familienbibel ist dazu eine Art Relikt im Wohnzimmerschrank und wenige wissen sie wirklich praktikabel zu lesen, insbesondere das Alte Testament. Ich selbst habe mich dem Alten Testament erst mit über 50 Jahren vermittels des Mediums eines Hörspiels angenähert und verstehen gelernt für einen allgemeinverständlichen Überblick. Das, was einem darüber in der Schule beigebracht wird, war eher so eine Art Lückenfüller und stinklangweilig.

Meine Pflegemutter war wohl die Einzige in unserem Haus, welche in einer Art Privatangelegenheit religiöse Schriften in die Hand nahm, aber kaum dazu einlud, ihr es nachzutun, vielleicht in der Beklemmnis, dafür ausgelacht zu werden, weil es ganz und gar nicht dem Zeitgeist entsprach. Obendrein mochte sie sich mit dem strafenden Gott des Alten Testamentes nicht anfreunden, obwohl dessen Lektionen über die Gerechtigkeit wirklich vielsagend sind, gerade als Vorbereitung für unsere Zeit. Zum Beispiel wäre das Buch der Weisheit ein prägendes Werk der Verinnerlichung, um das eigene Leben im täglichen Umgang mit der Welt besser durchleuchten zu können. Hinzu kommt, dass meine Pflegemutter das Privileg hatte, bereits eine Arte religiöse Grundausbildung gehabt zu haben, da sie zu früherer Zeit schon mal das Klosterleben versucht hatte, dessen ungeachtet sie es sich vor ihrer Einkleidung wieder anders überlegte. Auffallend war alsdann, dass wir „Kinder" erst nach ihrem Tod davon erfuhren. Was sich jetzt anhört wie eine Schuldverschiebung, ist lediglich eine Bilanz der katholischen Glaubensvermittlung. Eine Bilanz, die niederschmetternd düster ausfällt und nur deshalb nicht angekreidet wird, weil daraus für den Menschen vordergründig viele irdische Freiheiten entstehen. Es ist auch keine Schuldfrage, denn Schuld trifft uns alle zur Genüge. Jemand muss aber auch mal die Drecksarbeit machen und den faulen Salat ausheben.

„Nun, auch ich bin gekommen, um die Interessen meines Vaters wahrzunehmen, und ich habe mich nur um sie zu kümmern. Ob ich dort, wo ich arbeite, auf Liebe, Verachtung oder Ablehnung stoße, kümmert mich wenig. In einer Handelsstadt macht man nicht mit allen Geschäfte, und nicht immer Gewinne. Aber wenn man nur einen einzigen findet, mit dem man ein gutes Geschäft machen kann, so sagt man sich, dass die Reise nicht umsonst gewesen ist, und man wird immer wieder dorthin zurückkehren. Denn das, was man beim ersten Mal nur mit einem erreicht hat, gelingt beim zweiten Mal schon mit dreien, beim vierten Mal mit sieben und danach mit zehn und nochmals zehn. Ist es nicht so? Auch ich mach es bei meinen Eroberungen für den Himmel wie ihr bei eurem Handel. Ich lasse nicht ab und bin hartnäckig und halte auch das zahlenmäßig Kleine für groß; denn selbst e i n e   e i n z i g e   g e r e t t e t e   S e e l e   i s t   e t w a s   G r o ß e s ,   i s t   e i n   g r o ß e r   L o h n   f ü r   m e i n e   M ü h e . Jedes Mal, wenn ich hingehe und meine eventuellen menschlichen Reaktionen überwinde, um als König des Geistes auch nur einen einzigen Untertan zu gewinnen, kann ich mir sagen, dass mein Weg, meine Mühen und Leiden nicht umsonst gewesen sind. Ja, ich preise die Verachtung, die Beleidigungen, die Anklagen heilig, liebenswert und wünschenswert. I c h   w ä r e   k e i n   g u t e r   E r o b e r e r ,   w e n n   i c h

vor dem Hindernis der granitenen Festungen haltmachen würde."

Es gab Zeiten, da habe ich jedes unüberlegte Wort, das mein Pflegevater an mich richtete, als Waffe gegen ihn eingesetzt, um „es auf die Goldwaage zu legen", wie er sich ausdrückte. Einfach nur um ihn aus der Reserve zu locken und eine geistreichere Kommunikation einzufordern, so wie er Geselligkeit anzumahnen suchte. Nur beim Fußballschauen, wenn es ein Länderspiel gab, habe ich ihn leidenschaftlich erlebt oder beim Briefmarkensammeln. Manchmal, wenn ihm wirklich der Kragen geplatzt war und er wieder mal sein Wort gegen mich zu erheben suchte, holte ich unversehens tief Luft, um ohne Rücksicht auf Verluste meine ganze Verachtung aus der Tiefe meines Wesens gegen ihn zu schleudern. Weil ich damit natürlich nichts bewegen konnte, schlug meine Geringschätzung gegen ihn zeitweise um in rohen Hass. Ich wehrte mich emotional dagegen, der Sündenbock spielen zu müssen für die tiefen Wurzeln seiner Unzufriedenheit, deren Auslöser im Grunde seine berufliche Auswegslosigkeit war, die mir nicht verborgen blieb.

Ich wäre kein guter Eroberer, wenn ich vor dem Hindernis der granitenen Festungen haltmachen würde.

Mein Pflegevater hatte von Anfang die Beamtenlaufbahn bei der Post gewählt, damals noch eine staatliche Einrichtung, womit er meines damaligen Erachtens gänzlich aufs falsche Pferd gesetzt hat. Anfangs versprach ihm dieser Beruf eine beachtliche Stellung auf Lebzeit. Er war sogar stellvertretender Betriebsleiter der örtlichen Postfiliale. Man muss sich die Filiale von früher anders vorstellen, als man sie heute kennt. Damals war die Post in einem eigenständigen Gebäude untergebracht, welche ein ganzes Stockwerk ausfüllte, mit Schalterhalle, Paketrampe, Postverteilungsräumen, Verwaltungsbüros für den Betriebsleiter und Aufenthaltsräume für das Personal. Heute agieren Angestellte der mittlerweile privatisierten Post AG in einer Ecke eines Supermarktes mit dem entsprechenden Geräuschpegel und ohne geeigneten Rückzugsort für Erholungspausen, und das zu jeder Hochsaison des Postverkehrs, bei der die Kunden gezwungenermaßen mit einer Schlange bis zur Straße hinaus konfrontiert werden.

Ich erinnere mich sehr gut an die letzten Berufsjahre meines Pflegevaters, die er in einer solchen Ecke verbrachte. Bis dahin vergingen aber viele Jahre eines kontinuierlichen „Bürokratieabbaus" und der „Profitsteigerung" durch Anheizen der Mitarbeiter mittels Verkaufsprovisionen für Sparbücher oder andere Geldanlagen, wofür sich die Post zunehmd aggressiv einen Markt schaffen wollte, um einerseits den Börsengang zu sichern und andererseits den darauf folgenden Erwartungen der Aktieninhaber gerecht werden zu können. In einem Ort mit 7.000 Einwohnern hat jeder seine bodenständige Kontenführung, da braucht nur selten jemand noch ein zusätzliches Konto, weshalb die Erwartungen der Geschäftsführer gelinde gesagt enttäuschend ausgefallen sein dürften. In diesem Umfeld des nicht enden wollenden Gewinnstrebens war die Unzufriedenheit unvermeidlich auch ins Privatleben hineingeschwappt. Er hat aber nicht viel darüber gesprochen, weil es zu sehr an ihm genagt hat. Dann und wann aber habe ich ihm einige zentrale Brocken entlocken können, um verstehen zu können, was in ihm vorging.

Dennoch hatte ich seine Befindlichkeit maßlos unterschätzt bzw. war der Meinung, dass die Erwachsenen sich selbst um ihren Kram kümmern müssten, gerade weil es ein Fass ohne Boden war. Ich hatte meine eigenen Probleme, für die ich keinen anderen verantwortlich machte als ihn. Er hat mich buchstäblich in die gleiche Sch... hineingeritten, in der er selbst gefangen war, glaubte ich zu wissen. Das war natürlich kurzsichtig, denn die Türen, die sich durch meinen erlernten Beruf später für mich in andere Bereiche geöffnet haben, wären verschlossen geblieben, wenngleich ich bis heute keine Leidenschaft für den Beruf des Elektronikers entwickeln konnte. Meine erste Wahl ist Christus. Anfangs empfand ich meine Arbeit allerdings höchst unbefriedigend und ich wollte unbewusst auf keinen Fall der Leidensgenosse meines Pflegevaters werden, um anschließend mit ihm den Kopf in den Sand zu stecken. Dafür war ich zu jung und mein Gemüt zu lebendig. Ihm selbst wurde in diesen Jahren auch ein gutartiger Tumor an seinem Darm entfernt, der sonst zu groß geworden wäre.

Sicherlich hätte ihm aber mein Gebet geholfen, zumindest emotional, damit es ihm leichter gefallen wäre, seinen Geist zu erheben. Ich kann mich nicht daran erinnern, als Kind oder Jugendlicher oft gebetet zu haben, aus dem simplen Grund, weil die Gebete aus meinen Gebetsbüchern, die man halt so zur Erstkommunion oder Firmung geschenkt bekommt, durchweg einförmig waren oder diesen anrüchigen Hang zur Scheinheiligkeit hatten, etwa so: „*Ich will nie wieder ...!*" Das geht mir noch heute so bis auf die Gebetssammlungen von Domkapitular Dr. Wilhelm Gegenfurtner und jene Betrachtungen von *Franziska Maria von der gekreuzigten Liebe*, beides vertrieben vom Haus St. Magdalena in Oberschwarzach.

Zwischenzeitlich machten sich bei mir ebenso gesundheitliche Einschränkungen bemerkbar. Die Auseinandersetzungen hatten mich förmlich aufgefressen und auch verändert. Erst viel später wurde bei mir eine Herzklappeninsuffizienz diagnostiziert, was meine körperliche Schwäche bereits als Kind und Jugendlicher erklärte. Durch meine häufigen emotionalen Ausraster arbeitete jedoch auch die Lunge wegen des zu geringen Blutaustausches des Herzens eingeschränkt, und ich hatte zu kämpfen mit mangelnder Sauerstoffzufuhr im Gehirn. Nach einem Wutanfall war ich für mehrere Tage völlig benebelt. Wer weiß, was passiert wäre, wenn ich diesen Dämpfer nicht bekommen hätte und ich im vollen Umfang meiner leiblichen Kräfte sinnlos weitergekämpft hätte gegen ein Phantom.

Eine einzige gerettete Seele ist etwas Großes,
ist ein großer Lohn für meine Mühe.

Viele Jahre später war dann Demenz bei meinem Pflegevater diagnostiziert worden. So eine Krankheit bricht aber nicht von heute auf morgen aus. Ich bezweifle sogar, dass sie bei ihm genetischen Ursprungs war, sondern ihre Ausläufer mutmaßlich in der Überforderung durch die uferlose Unzufriedenheit mit der beruflichen Situation hatte, gepaart mit den Befindlichkeiten einer gescheiterten religiösen Utopie. Letztere ist das Ergebnis einer kollektiven Resignation, die sich aus einer fruchtlosen liturgischen Endlosschleife speist. Er war in die Lage gekommen, außer Stande zu sein, seinem Ärger in irgendeiner Weise Luft zu machen.

Alles, was er unternahm in Richtung Ausgleich durch Vereinssport, Hobbys, kirchliches Ehrenamt oder Religion selbst, katapultierte ihn mit jedem Morgen eines neuen Arbeitstages in die Sackgasse der fremdgesteuerten beruflichen oder religiösen Erfolglosigkeit zurück. Am Ende verbringt man den Hauptanteil des täglichen Lebens bei der Arbeit, was sich auf diese Weise anfühlt wie ein fliegender Bumerang. Was das mit einem Menschen macht, kann mit Worten nicht erfasst werden. Mir hingegen fehlte es einfach nur an Nächstenliebe und dem nötigen Respekt für einen Mitmenschen, der noch dazu mein Schicksal einmal ursächlich wesentlich zum Positiven verändert hatte.

... viele bitten ihn um Rat in Dingen der Seele, in familiären oder zwischenmenschlichen Angelegenheiten, und andere warten darauf, mit ihm sprechen zu können. Sie hören ihm zu, wie er in einer schwierigen Erbschaftsfrage urteilt, die Hass und Zwietracht unter den verschiedenen Erben stiftet. Der Vater hatte mit einer Magd des Hauses einen später adoptierten Sohn, aber die ehelichen Söhne wollen ihn weder bei sich haben noch als Miterben bei der Teilung der Häuser und Grundstücke. Vielmehr wollen sie mit dem Bastard nichts mehr zu tun haben und wissen nun nicht, wie das Problem zu lösen ist. Der Vater hat sie nämlich vor seinem Tod schwören lassen, dass sie, so wie er immer das Brot zwischen den ehelichen Söhnen und dem unehelichen geteilt hat, dass Erbe gleichmäßig mit ihm teilen werden.

Jesus sagt zu dem Mann, der ihn im Namen der anderen Brüder fragt: „Verzichtet alle auf ein Stück Land und verkauft es, so dass es den Geldwert eines Fünftels der ganzen Erbschaft ergibt. Gebt es dem unehelichen mit den Worten: "Hier ist dein Teil. Du bist nicht um das deine gekommen, und wir haben den Willen unseres Vaters erfüllt. Gehe, und Gott sei mit dir." Seid großzügig im Geben, gebt mehr als den genauen Wert seines Anteils. Und tut es vor gerechten Zeugen, dann wird niemand auf Erden und im Jenseits euch tadeln und Ärgernis nehmen können; dann werdet ihr Frieden in euch und untereinander haben, ihr werdet euch nicht vorwerfen müssen, dem Vater Ungehorsam gewesen zu sein, und ihr werdet den nicht mehr unter euch haben, der, obwohl unschuldig, euch stärker beunruhigt als ein Dieb."

Der Mann sagt: „Der Bastard hat wahrlich unserer Familie den Frieden und unserer Mutter die Gesundheit geraubt, so dass sie voll Leid gestorben ist. Er hat einen Platz eingenommen, der ihm nicht zusteht."

„Nicht er ist der Schuldige, sondern der, der ihn gezeugt hat. Er hat nicht danach verlangt, geboren zu werden und das Mal eines Bastards zu tragen. Die Gier eures Vaters hat ihn gezeugt und ihm und euch Schmerz bereitet. Seit deshalb gerecht mit dem Unschuldigen, der schon schwer genug für eine Schuld bezahlt, die nicht die seine ist. Verflucht nicht die Seele eures Vaters. Gott hat ihn gerichtet. Die Blitze eurer Verwünschungen sind nicht nötig. E h r t d e n V a t e r i m m e r, a u c h w e n n d e r s c h u l d i g i s t. N i c h t s e i n e t w e g e n, s o n d e r n w e i l e r a u f E r d e n e u r e n G o t t v e r t r i t t. Er hat euch gezeugt nach der Weisung Gottes, und er ist der Herr eures Hauses. Die Eltern kommen gleich nach Gott. Denk an die zehn Gebote. Und sündige nicht. Gehe in Frieden."

Bei meinen künftigen Berufsentscheidungen war mein Pflegevater aber das abschreckendste Beispiel für mich, weil ich niemals so enden wollte, nicht zuletzt aus Rücksicht auf meine Kinder, wenn es sie geben sollte. Unsere gegenseitig unverblümte Antipathie schwoll an, wurde erwachsen und war sehr persönlich geworden. Selbst dagegen suchte ich anzukämpfen, weil ich die

Schuld bei ihm suchte. Mir war nicht klar, dass die materielle Sicherheit, in der ich mich nunmehr seit Jahrzehnten wiederfand, auch die Voraussetzungen geschaffen hatte für meine persönliche Zufriedenheit als Kind, die aber auf dem Rücken eines elenden Schicksals meines Pflegevaters seine Basis fand. Dennoch empfand ich nur bedingt Liebe oder die Notwendigkeit, mein Glück zu vermehren, indem ich es durch Anteilnahme mit ihm geteilt hätte. Im Gegenteil, ich betrachtete ihn als Störenfried meines irdischen Glücks, das eben auch sehr fragil war und sich auf einer Illusion gründete voller Unsicherheit und Ängste.

Es hat viele Jahre meines Lebens gekostet, um diese harte Schale mit dem Werk der Gnade Gottes aufzubrechen. Je mehr Schlechtes ein Mensch oder ein Kind durchlebt, desto stärker stechen in seinem Unterbewusstsein Abwehrmechanismen hervor, die sich mit der Zeit dessen Kontrolle entziehen. Es waren die vielen kleinen Nadelstiche, mit denen ich meine Rache im Alltag vollziehen sollte, um das Gefühl der enttäuschten Liebe und Machtlosigkeit in jenes der scheinbaren Stärke zu verwandeln. Welch ein Bedauern ich im nachhinein für dieses sinnlose Aufbegehren verspüre; als ob man Liebe mit psychischer Gewalt aufwiegen könnte.

Wie aber musste sich Jesus gefühlt haben, als er seine Reise auf Erden beging. Sein Schicksal sollte den Menschen auf Erden den wahren Frieden bringen und die Wiedergeburt des erstorbenen Seelenheils aller Menschen. Wie hat nicht nur Israel, sondern die ganze Menschheit Ihm es gedankt? Sie haben Ihn mit wenigen Ausnahmen missverstanden, geächtet und verfolgt bis hin zum heimtückischen Mord. Letzteres schließt freilich auch das Ausmerzen des Evangeliums Jesu Christi aus den menschlichen Herzen bis in unsere Zeit mit ein.

Erst einige Jahre später bei meiner beruflichen Orientierungssuche in verschiedenen Anstellungen als Pflegehelfer, unter anderem in gerontopsychiatrischen Abteilungen von Seniorenheimen in München, hatte ich verstanden, als ich plötzlich eine ganze Gruppe Menschen um mich hatte mit denselben diversen Auffälligkeiten, die mich bereits bei meinem Pflegevater verstört haben. Am Auffälligsten ist deren Ungeduld, aufgrund ihrer inneren Unruhe. Letzteres und vieles mehr resultiert aus der Verlustangst ihres eigenen Bewusstseins. Gibt man ihnen den kleinen Finger droht einem, mit Haut und Haaren verspeist zu werden. Man muss im Umgang mit einer dementen Psyche verstehen, sich innerlich abzugrenzen, wenn man die Kontenance bewahren will. Schwierig wird das, wenn man einen Angehörigen zu Hause allein versorgt, weil jede Abgrenzung den Kranken noch zusätzlich zu seiner Orientierungslosigkeit irritiert. Die Gefahr auszubrennen, ist mehr als wahrscheinlich und was sich anhört wie ein Pauschalurteil ist für die Angehörigen ein alltäglicher Alptraum.

Oder die ewige Suche nach Schlüsseln oder der Geldbörse und anderen Dingen, die ihnen jemand weggenommen haben soll. Das hat nicht nur damit zu tun, dass sie häufig vergessen, wo sie ihre Sachen haben, wie der Volksmund belustigend behauptet, sondern es ist eine direkte Erscheinung ihres geistigen Unbehagens beim fortschreitenden Verlust ihrer Persönlichkeit. Eine Frau habe ich auf der Gerontopsychiatrie erlebt, eine sehr liebenswerte und rührende Persönlichkeit, die hat tagein, tagaus Kopfkissen auf der ganzen Station eingesammelt und in ihrem eigenen Bett gehortet, wenn man sie aus den Augen ließ.

Im Anfangsstadium zeigt sich die Verlustangst auch durch einen unwiderstehlichen Geiz oder genau das Gegenteil, indem sie geradewegs verschwenderisch großzügig gegenüber Personen ihres Interesses auftreten, deren Sympathie sie an sich zu binden, bzw. zu bestechen suchen. Das kann zum Verlust des gesamten Vermögens führen. Geiz ist auch der entscheidende Faktor beim Umgang mit empathischen Empfindungen für das Umfeld. Man hat das Gefühl, Anerkennung oder Entgegenkommen wird bewusst 1:1 und mit dem subjektivem Empfinden für das Maß an

Abhängigkeit belohnt. Aufgrund des sich anstauenden Leidensdrucks gepaart mit der geistigen Passivität, emotional zu haushalten, sind sie sich selbst am nächsten. Sie können auch sehr nachtragend sein, weil sie geistig außer Stande sind, in vollem Maße zu reflektieren. Schuld würden sie niemals an sich selbst vermuten. Die ewige Opferrolle raubt ihnen schließlich seelisch ihre Kräfte, sodass sich Hoffnungslosigkeit breit macht in ihrem Gemüt. Sie wirken gelangweilt und der Mut kommt ihnen völlig abhanden, so dass bereits anfangs, wenn sie sich noch mehr oder weniger erfolgreich in der Gesellschaft bewegen, Feigheit mitunter augenscheinlich zu Tage tritt.

Viele dieser gebündelten Darstellungen von Merkmalen sind mir dann in ihrer Auffälligkeit weniger bei meinem Pflegevater als vielmehr im Laufe meines Lebens immer wieder in verschiedenen Bereichen des Alltags ins Auge gefallen, etwa im Beruf, zuweilen auch bei diversen Geschäftsleitungen, bei Personen des öffentlichen Lebens wie Politik, Medien, Kirche oder bei Ärzten. Auffällig vielerorts in der Kirche allemal mit einem Satz gesagt ist, dass die Inhalte des Evangeliums schon lange nicht mehr allein den Ton angeben, sondern dass ein System der weitverzweigten Gerontokratie die Lebensentwürfe dominieren, welche der mechanischen Endlosschleife einer stumpfsinnig begangenen Liturgie geschuldet sind.

Ein gutes Beispiel dafür bietet unter anderem der Vorsitzende der Deutschen Bischofskonferenz Bätzing, der als Marionette des sog. Synodalen Weges vor der deutschen Presse seit Jahren zu Kreuze kriecht und ihr scheinbar auswegslos völlig antinomisch nach dem Mund redet. Lesen Sie dazu auch meine Ausführungen in Band II von „Majestätsbeleidigung". Die Erlebnisse in den besagten Heimen lehrten mich, dass Demenzkranke im Beginn als Folge ihrer für sie spürbaren Veränderung depressiv werden und deshalb ängstlich oder unsicher auftreten können in ihrem gewohnten Umfeld, insbesondere Menschen gegenüber, welche sie gleichsam in flagranti ertappen könnten bei ihrer Bewusstseinsveränderung. Die Mechanik mit welcher liturgische Abfolge viel zu oft über Jahrzehnte hinweg tagtäglich heruntergeleiert wird, kann ebendies augenscheinlich eine Veränderung für alle Beteiligten nach sich ziehen, im Sinne eines sich eingrenzenden Bewusstseins.

Am Ende kommt es Bätzing immer wieder auf seine Inszenierung als Unschuldslamm an, die ihm dabei Recht gibt, wenn er sich darüber wundert, wenn der Papst nicht seiner Meinung ist. Die Presse ihrerseits nimmt ihm die festgefahrene Rolle des ewigen Opferlamms ab und spielt den Befreier von Zwängen, die sie ihm selbst unaufhörlich auferlegen. Dabei ist die Presse weit davon entfernt, die im Zenit festgefahrener Liturgie eingemauerten Komplizen einer selbstgefälligen Eigendynamik, entlarven zu können. Was hat das alles also noch mit Aufklärung, geschweige denn mit Kirche zu tun? Vielmehr ist es ein verdrehtes Spiel um Aufmerksamkeit, Macht und zerstörerischer Einflussnahme, wenn sie sich unversehens auf den Papst stürzen, weil dieser in sicherer Entfernung die Beliebigkeiten seiner Schäflein längst durchschaut hat. Dabei will ich, wie früher schon mehrfach betont, gar nicht in Abrede stellen, in welche Komplizenschaft der Kirchenstaat selbst im System einer gerontopsychiatrischen Gruppendynamik verwickelt ist.

Wie so oft lösen sich in der Gemeinschaft Gleichgesinnter persönliche Befindlichkeiten leichter auf. Das Gleiche passiert, wenn Jugendliche sich beispielsweise im Abendleben oder anderweitig organisieren, wie ich es getan hatte; im Einfluss der Gleichgesinnung schmelzen Zukunftsängste und Frustrationen aus dem Alltag dahin. Diesbezüglich sind mir jene Heimbewohner völlig harmlos erschienen, weil sie in der Gemeinschaft friedfertig und mit weniger Erwartungshaltung auftraten. In diesem Sinn erscheint mir Kirchengemeinde mehr oder weniger nur noch als Selbsthilfegruppe oder Parallelgesellschaft. Wenn Bewusstseinsänderungen als solche im Umfeld aber mehrheitlich unerkannt bleiben, Veränderungen jedoch durchaus ausgemacht werden, kann die Hilflosigkeit des Betroffenen in Ausweglosigkeit und Einsamkeit umschlagen.

Depressionen wiederum sind Angstzustände, die in ihrer permanenten Aufdringlichkeit Aggression und Widerspenstigkeit als Abwehrhaltung dem menschlichen Umfeld gegenüber auslösen können. Zum einen tritt dieser Mechanismus in Erscheinung, weil in einer Art Verdrängung der eigenen Umstände zuerst das Umfeld als Ursache für die persönlichen Verstimmungen ausgemacht wird, und zum anderen als natürliche Schutzmaßnahme, um die eigene ständige spürbare Schwäche zu kompensieren. Dies häufig mittels des Ventils eines Angriffs, der Stärke simulieren will, indem das Gegenüber völlig willkürlich einfach nur vor den Kopf gestoßen wird. Diese Aktionen haben jedoch konsequenterweise wieder eine Reaktion des Gegenübers zu Folge und ernten deutliches Unverständnis beim gewohnten Familienkreis. Es ist ein unaufhaltsamer Teufelskreis, bei dem ausgerechnet ich mit meiner ausgeprägten Wahrnehmung für Verstimmungen als natürlicher Feind dieser Krankheit namens Demenz in Erscheinung getreten bin.

Ehrt den irdischen Vater immer, auch wenn der schuldig ist.
Nicht seinetwegen, sondern weil er auf Erden euren Gott vertritt.

Es dauerte dann auch nicht mehr lange und es überraschte mich nicht, als die Krankheit bei meinem Pflegevater ganz offiziell diagnostiziert worden war. An seiner Beerdigung, bei der ich zum ersten Mal Frieden und Versöhnung für meinen Pflegevater empfand, erzählte mir sein langjähriger Kollege und Freund, dass er wegen mir zeitweise in Tränen aufgelöst war. Genau das war es, was mich immer wieder auf die Palme bringen konnte bei ihm. Die Vorstellung von seiner eigenen Unschuld bestand darin, dass ich dankbar zu sein hatte, am besten ein Leben lang. Diese Art von Unterwürfigkeit, die er mir abverlangte, war gegen jede Natur und nur schwer zu ertragen und hat mich regelrecht abgestoßen. Ich konnte nicht verstehen, wie ein Mensch so ein absurdes

Denkmuster an den Tag legen konnte in Kombination mit der von ihm stilisierten Opferrolle. Ich verabscheute ihn dermaßen dafür, dass meine Ausweglosigkeit wie gesagt in Hass umschlug.

„Wieviel Angst! Wenn wir jetzt nach Jerusalem gehen, will ich meinen Bruder zu Annas schicken. Ich könnte selbst hingehen, denn auch ich kenne diesen alten Fuchs sehr gut. Doch Johannes ist besser geeignet. Und Annas mochte ihn sehr gern, damals, als wir noch den Worten dieses alten Wolfs lauschten und glaubten, dass er ein Lamm sei. Ich werde Johannes schicken, denn er bringt es fertig, schnell und ohne Widerrede über sich ergehen zu lassen. Ich hingegen... wenn er vor mir Flüche gegen den Meister ausstoßen würde, oder auch nur gegen mich, weil ich ihm folge, ich würde ihn am Kragen packen, würde ihn vermöbeln und zerquetschen, diesen alten Wanst, wie man ein Netz auswindet. Ich würde ihm seine niederträchtige Seele aus dem Leib prügeln und selbst wenn alle Soldaten des Tempels und alle Priester um sich hätte!"

„Wenn der Meister dich so reden hören würde!" sagt Andreas entsetzt.

„Gerade weil er nicht da ist, sage ich es!"

„Du hast recht! Du bist nicht der einzige, der solche Gelüste hat. Auch ich habe sie!" sag Petrus

„Ich auch, und nicht nur Annas betreffend!" sagt Thaddäus

„Oh, was das angeht ... auch ich möchte einige bedienen. Ich habe eine lange Liste. Diese drei Gerippe von Kapharnaum – ich schließe den Pharisäer Simon aus, denn er scheint mir noch einigermaßen gut zu sein – die beiden Wölfe von Esdrelon und das alte Knochengerüst von Chananias. Und dann ... ein Massaker, ich sage es euch, ein Massaker in Jerusalem, und allen voran, Elchias. Ich halte es einfach nicht mehr länger aus, mit all diesen hinterhältige Schlange!" tobt Petrus.

Thaddäus, sagt ganz ruhig – diese eisige Ruhe macht mehr Eindruck des Petrus: „Und ich würde dir dabei helfen. Aber vielleicht würde ich damit anfangen, die Schlangen in unserer Nähe auszuheben."

„Wen meinst du? Samuel?"

„Nein, nein. Wir haben nicht nur Samuel in unserer Nähe. Es gibt so viele, die ein bestimmtes Gesicht zeigen, deren Seele aber ganz anders ist als ihr Gesicht. Ich lasse sein ich aus den Augen. Niemals. Ich will ganz sicher sein, bevor ich etwas unternehme. Aber sobald ich sicher bin! Das Blut Davids ist heiß! Und heiß ist auch das Blut der Galiläer. Ich habe beides in mir, von väterlicher und mütterlicher Seite."

„Sage mir, wenn es soweit ist. Ich werde dir helfen ..." sagt Petrus.

„Nein. Blutrache ist eine Pflicht der Familie. Das ist meine Angelegenheit."

„Aber Kinder, Kinder! Sprecht doch nicht so. Ist es das, was der Meister lehrt? Ihr gleicht zornigen jungen Löwen, anstatt Lämmern des Lammes. Legt eure Rachsucht ab. Die Zeiten Davids sind schon lange vorüber. Das Gesetz des Blutes und der Vergeltung ist durch Christus aufgehoben. Er lässt die zehn Gebote unverändert; aber die anderen harten mosaischen Gesetze hebt er auf. Von Moses bleiben die Gebote der Barmherzigkeit, Menschlichkeit und der Gerechtigkeit, die unser Jesus zusammenfasst, und vervollkommnet in seinem größten Gebot: "Du sollst Gott lieben mit deinem ganzen Gemüte; du sollst deinen Nächsten lieben wie dich selbst, denen verzeihen, die dich beleidigen, und lieben, die dich hassen." Oh, verzeiht mir, wenn ich als Frau mir erlaubt habe, meine Brüder zu belehren. Es ist so viel größer als ich. Doch ich bin eine alte Mutter. Und eine Mutter darf immer sprechen. Wenn ihr selbst Satan zu euch ruft, durch euren Hass gegen die Feinde und den Wunsch nach Rache, dann wird er kommen und euch verderben. Satan ist nicht Stärke. Glaubt mir. Gott ist Stärke, Satan aber Schwäche, Bürde und Abstumpfung. Ihr könntet, wenn Hass und Rache euch erst mal in Ketten gelegt hätten, keinen Finger mehr rühren; gegen eure Feinde nicht und nicht einmal, um unseren betrübten Jesus zu liebkosen. Auf meine Kinder! Alle seid ihr Kinder! Auch ihr, die ihr in meinem Alter oder vielleicht noch älter seid. Alle seid ihr Kinder für eine Frau, die euch liebt; für eine Mutter, die die Freude wieder gefunden hat, Mutter zu sein, in dem sie euch alle wie Söhne liebt. Erfüllt mich nicht mit der Angst, noch einmal meine teuren Kinder verloren zu haben, und diesmal

für immer. Denn wenn ihr in eurem Hass oder bei einem Verbrechen sterbt, dann seid ihr auf ewig tot, und wir könnten uns nicht mehr dort oben im Jubel um unsere gemeinsame Liebe versammeln: um Jesus.
... "Maria, würde euch das gleiche sagen, nur mit etwas mehr Macht, denn sie ist Maria; aber es ist besser, wenn sie nicht den ganzen Schmerz kennt... Oh, arme Mutter! Was geschieht nur? Ich muss wahrhaftig annehmen, dass die Stunde der Finsternis angebrochen ist. Die Stunde, die alle verschlingen wird. Die Stunde, in der Satan in allen König sein wird, nur nicht in dem Heiligen, und alle versuchen wird, auch die Heiligen, auch euch. Die Stunde, die euch feige, meineidig und grausam macht, wie er selbst es ist! Oh, bis jetzt habe ich immer Hoffnung gehabt und gesagt: "Die Menschen werden Christus nichts anhaben können." Aber nun? Nun habe ich Angst und zittere zum ersten Mal! An diesem klaren Himmel des Adar sehe ich die große Finsternis sich ausbreiten und überhandnehmen; die Finsternis, die den Namen Luzifer trägt und euch alle verdunkeln wird; die Finsternis, die Gifte auf euch regnen lassen und euch krank machen wird. Oh, ich habe Angst!" Elisa, die schon eine Weile lautlos geweint hat, lässt nun das Haupt auf den Tisch sinken, und schluchzt verzweifelt.

Es war der Moment, an dem ich zum ersten Mal verstanden hatte, wie lebensnotwendig die Einhaltung der Gebote Gottes ist. Ich fühlte mich so mutterseelenallein, wie ein Mensch sich nur fühlen konnte. Es war der Beginn eines wachsenden Verlangens nach der starken Hand Gottes, aber in einer Form, wie ich sie bisher nicht kannte. In mir brodelte nicht mehr nur eine Gier nach irdischer Vergeltung, vielmehr war es eine Sehnsucht nach Seiner Gerechtigkeit, das die vollumfängliche Erfüllung Seiner Gebote einschloss. Mehr nicht, aber auch nicht weniger. Der Weg dorthin sollte meine eigene Bekehrung werden, die Begegnung mit der Barmherzigkeit Gottes in Seinem Sohn. Durch Jesus hat Gott mich letztlich gerecht gesprochen, durch Ihn wurde ich in der Folge mit Gott versöhnt.

Mir war nicht bewusst, dass ich diesen Wahnsinn bereits schon einmal durchlebt hatte, so lange lag die Auflösung meiner leiblichen

Familie längst zurück. Zu groß war mein Glück gewesen in der Zwischenzeit, wieder in einer intakten Familie zu leben, als dass ich hätte realisieren können wie zerbrechlich der Schein war. Die fehlende Empathie meines Pflegevaters hat mich aber begreifen lassen, dass man das Leben nicht in fremde Hände oder dem Zufall überlassen darf, sondern dass man Erfüllung zuverlässig nur aus den Händen Gottes empfängt. Der rundum gehorchende Lebensstil sorgt immer für ausreichend Öl in der Lampe: Glaube, Hoffnung und Liebe.

Ein wohlgesinnter junger Schriftgelehrter in einer Gruppe argwöhnischer Pharisäer im Tempel wendet sich an Jesus: „Meister, welches ist das größte Gebot im Gesetz?"

Jesus, der ihn im Rücken hat, wendet sich um und schaut ihn an. Das sanfte Licht eines Lächelns erhellt sein Antlitz. Dann erhebt er das Haupt, das er gesengt hatte – denn der Schriftgelehrte ist klein und hat sich zudem ehrerbietig verneigt – lässt den Blick über die Menge schweifen, richtet ihn auf die Gruppe der Pharisäer und Lehrer, entdeckt das blasse Gesicht Joels halb verborgen hinter einem dicken, schwammigen Pharisäer und lächelt noch mehr. Das Lächeln ist ein Licht, das den ehrlichen Schriftgelehrten liebkost. Dann senkt er das Haupt wieder, sieht sein gegenüber an, und antwortet ihm: „Das größte der Gebote ist: "Höre, Israel: der Herr, unser Gott, ist der einzige Herr. Du sollst den Herrn deinen Gott lieben mit deinem ganzen Herzen, mit deiner ganzen Seele und mit allen deinen Kräften." Dies ist das erste und höchste Gebot. Das zweite aber ist diesem gleich: "Du sollst deinen Nächsten lieben wie dich selbst." Es gibt keine größeren Gebote als diese. An ihnen hängt das ganze Gesetz und die Propheten."

„Meister, du hast weise und wahr geantwortet. So ist es. Gott ist ein Einziger, und es gibt keinen anderen Gott, außer ihm. Ihn zu lieben aus ganzem Herzen, aus ganzem Verstand, aus ganzer Seele und mit allen Kräften, und den Nächsten zu lieben wie sich selbst, das ist weit mehr als jedes Brandopfer und andere Opfer. Ich denke oft daran, wenn ich die Worte Davids betrachte: ‚Brandopfer, gefallen dir nicht; das Gott wohlgefällige Opfer ist ein reuiger Sinn.'"

„*Du bist nicht fern vom Reich Gottes, denn du hast begriffen, welches das Gott wohlgefällige Brandopfer ist.*"
„*Aber welches ist das vollkommenste Opfer?*" *fragt der Schriftgelehrte rasch und mit leiser Stimme, als würde er ein Geheimnis aussprechen.*
Jesus strahlt vor Liebe und lässt diese Perle in das Herz dessen fallen, der für seine Lehre aufgeschlossen ist, für die Lehre des Reiches Gottes; über ihn geneigt sagt er: „*Das vollkommenste Opfer ist: jene, die uns verfolgen, wie uns selbst zu lieben und nicht auf Rache zu sinnen. Wer dies tut, wird den Frieden besitzen. Es steht geschrieben: "Die Sanftmütigen werden die Erde besitzen, und sie genießen die Fülle des Friedens." Wahrlich, ich sage dir, wer seine Feinde liebt, erreicht die Vollkommenheit und besitzt Gott.*"

Vor mir lag einstweilen ein Scherbenhaufen. Es war nun mal geschehen; dieses Geschehen war so tiefgreifend erschütternd, dass meine verbliebene Vorstellung von „heiler Welt" vollends in sich zusammengebrochen ist und ich mir zudem selbst vorwarf, diese Familie und insbesondere meinen Pflegevater mit meiner Rebellion zersetzt und schlussendlich den Frieden mit seiner Moral zerstört zu haben. Mir war mein Anteil an der Schuld direkt vor Augen, weshalb ich diese Ereignisse hier dokumentiere. Es geht mir, ergänzend gesagt, nicht darum, meinen Pflegevater in ein schlechtes Licht zu rücken, sondern zu zeigen, was es mit uns macht, wenn wir nicht fähig sind, standhaft zu lieben.

> Ihr könnt nie genug das Zeichen eurer Erlösung,
> das heilige Kreuz betrachtend in euer Herz aufnehmen.
> In ihm sollt ihr zeichenhaft die alles umfassende,
> alles überwindende Ordnung der Liebe Gottes sehen;
> Himmel und Erde sind darin verbunden,
> Gott und Schöpfung geeint.
> Das Kreuz ist Herzmittel allen Seins,
> ist Quellgrund allen Heils.

> Es ist Gnadenlicht aus dem ewig sich verströmenden
> Kreislauf allen göttlichen Lebens in der Liebe.
> Tragt es in eurem Herzen.
>
> Es sei euer Zeichen auf Stirn, Mund und Herz,
> damit alles, was ihr tut, im Zeichen der Liebe geschehe,
> und so dem ewigen Liebeswillen Gottes eingeordnet
> und in ihm vollendet werde.
>
> *Das Kreuz ist Herzmitte allen Seins,*
> *Franziska Maria von der gekreuzigten Liebe*

Über was ich mir damals natürlich noch nicht im Klaren war, dass die Emotionen in Wahrheit wesentlich tiefgreifendere Ursachen hatte. Die Sehnsucht eines hilflosen und angeschlagenen Mannes nach Sicherheit, die er von der eigenen Familie schon lange nicht mehr erhalten hatte, vielleicht sogar nie so, wie er sich das einmal in seinen Träumen ausgemalt hatte. Was aus heutiger Sicht diesem Haus allenfalls fehlte und auch mehrheitlich der übrigen Gläubigenschar, sind der praktikable Ausdruck einer tieferen Liebe zu Gott bzw. die Überzeugung von Seiner unbeschadeten Barmherzigkeit, um aus ihr Vertrauen schöpfen zu können. Vielmehr bedeutet Liebe zeit ihres Lebens ausdrucksloser Gehorsam.

Gerade zu der Zeit als wir Kinder noch klein waren empfinde ich es rückblickend streckenweise als selbstauferlegte Armut im Herzen, als eine Art spirituelles Schweigegelübde, um die Bedürfnisse der Seele zum Schweigen zu bringen. Sich nicht wert wissen, den Heiligen Geist willkommen zu heißen. So etwas wünsche ich meinem ärgsten Feind nicht, zusehen zu müssen, wie die eigene Seele vertrocknet. Ich hörte meine Pflegeeltern mit keinem Wort offen von dem geliebten Gott oder dem liebenden Christus reden. Vielleicht weil dies die geschulten Prediger im Gottesdienst übernahmen, aber selten das konkrete Leben.

Die Ursachen für den zeitweilig ausdruckslosen Stillstand in der familiären Verständigung liegen sozusagen zweifelsohne auf der Hand. Wenn zwei Menschen nicht füreinander geschaffen sind, sich aber einbilden, dass das Mittel den Zweck heiligen würde, dann kann auch die Kirche kein Wunder wirken für das eheliche Glück, etwa mit dem ehelichen Sakrament. Eine Liebesheirat unterscheidet sich ganz erheblich von einer Zweckehe, die man tunlichst vermeiden sollte, um das Schicksal nicht unnötig herauszufordern. Viel Leid beruht auf selbstgewähltem Atheismus, und so kann die Kirche am Ende nur noch unerbittlich vielfältig Wege der Wahrheit und der Versöhnung aufzeigen, um daran unbeirrt festzuhalten. Andererseits ist das haltlose Maß an persönlicher Bereicherung durch unverdiente Ehren bei Klerikern leider maßgeblich mitverantwortlich für das große Leid in Familien und Ehen, nicht nur weil im Vorfeld des Ehesakraments viel versäumt wird.

Petrus darf im engen Kreise der Apostel und Landarbeiter Jochanans auf Anraten Jesu predigen: „*... Überlassen wir uns hingegen dem Feuer der Liebe, fängt diese an, die kleinen Zweig zu entzünden, und zerstört sie – für mich sind die Zweiglein die Unvollkommenheiten. Dann wird es größer und verzehrt die stärkeren Hölzer, das heißt die stärkeren Leidenschaften. Und wir harten, klotzigen, ja hässlichen Hölzer werden dann zu jenem schönen, körperlosen, flinken, leuchtenden Etwas: zur Flamme. Und dies geschieht, wenn wir uns der Liebe hingeben, die Feuerstein und Zunder zugleich ist und aus dem in diesem elenden Leben sündigen Menschen den Engel der künftigen Zeiten, den Bürger des himmlischen Reiches, macht.*
... Wie kann man einen Gott fürchten, der uns Armseligen so viel Barmherzigkeit verspricht! ... Wir müssen mild sein, wenigstens mild, da wir schon nicht schuldlos sind. Mild sein und danach verlangen, von der Liebe verzehrt zu werden. ... Kurzum, alles Gute entspringt der Liebe. Sie enthebt uns der Schwere des Menschlichen; sie macht uns leuchtend und nützlich; sie lässt uns brüderlich und Gott dankbar werden; sie verfeinert unsere natürlichen guten Eigenschaften und trägt sie zu einer Höhe, auf der man sie als übernatürliche Tugenden

bezeichnet. Und wer tugendhaft ist, ist heilig, und wer heilig ist, besitzt das Himmelreich. *Daher sind es nicht Wissenschaft noch Furcht, die uns die Wege der Vollkommenheit öffnen, sondern die Liebe. Sie hält uns mehr als die Furcht vor der Strafe vom Bösen ab, denn sie verlangt danach, Gott nicht zu betrüben. Sie lehrt uns, Mitleid mit den Brüdern zu haben und sie zu lieben, da sie von Gott kommen. Deswegen ist die Liebe das Heil und die Heiligung des Menschen."*

Jesus spricht zu den Landarbeitern Jochanans: „... *Ihr kommt so mit anderen guten und frommen Arbeitern zusammen und werdet eine Familie bilden, in der ihr von Gott und seinem Wort reden könnt, ohne dazu Verstecke aufsuchen zu müssen. Stärkt euch gegenseitig im Glauben, helft einander, und jeder ertrage die Fehler des anderen und diene ihm zur Erbauung.*
  D a s   i s t   L i e b e. *Ihr habt gestern Abend gehört, wenn auch in anderer Form, dass in der Liebe Rettung ist. Simon Petrus hat euch mit einfachen Worten erklärt, wie die Liebe die bedrückende Natur (das tägliche Leben) in eine übernatürliche verwandelt und aus einem Individuum (das ohne Liebe verdorben und schädlich und wie ein geschlachtetes und nicht über dem Feuer gebratenes Tier unnützer wird als ein Stück Holz, das im Wasser vermodert und zum Feuern nicht mehr gut ist) einen Menschen machen kann, der schon in der Atmosphäre Gottes lebt und daher ein Wesen ist, das der Verderbnis entrinnt und seinem Nächsten nützt.*
  Daher glaubt mir, Söhne, die große Kraft des Universums ist die Liebe. Ich werde nie müde werden, dies zu wiederholen. Alles Unglück auf der Erde kommt von der Lieblosigkeit, angefangen vom Tod und den Krankheiten, die aus Mangel an Liebe zum Allerhöchsten Herrn in Adam und Eva geboren wurden.
  D e n n   d i e   L i e b e   i s t   G e h o r s a m. *Wer nicht gehorcht, ist ein Rebell. Wer ein Rebell ist, liebt den nicht, gegen den er rebelliert. Aber auch die allgemeinen und die persönlichen Unglücksfälle wie Kriege oder Streitigkeiten in den Familien, woher stammen sie? Vom Egoismus, der nichts anderes ist als Lieblosigkeit. Und mit dem Ruin der Familien kommt auch der Ruin der Güter als Strafe Gottes. Denn Gott straft früher oder später jeden, der ohne Liebe lebt ..."*

Für mich als Kind war das schlichtweg unerträglich, nicht zu wissen, was der Antrieb des Menschen war, der ich nach Trost und Liebe dürstete. Freilich, sowohl das stets aktive Amt meines Pflegevaters im Pfarrgemeinderat als auch das Vorbild meiner Pflegemutter, ihrer Pflichterfüllung als Krankenschwester mit Verantwortung nachzukommen, stand zweifelsohne im Raum. Meine Pflegemutter hat uns alle beeindruckt in ihrem unverblümten Einsatz für die Kranken, was ihr ausnahmslos den Ausdruck der Zufriedenheit abgewinnen konnte. Dort im Stillen hatte sie ihren Archipel der Erfüllung und inneren Ruhe erklommen. Das hat bei uns Kindern gewichtige Spuren hinterlassen, sowohl bei mir, der ich später im Pflegeberuf hospitierte und schließlich meine technischen Fertigkeiten nur noch für soziale Einrichtungen hergeben wollte, als auch bei meiner Pflegeschwester, die eine Ausbildung zur Krankenschwester machte und diese Berufung sogar noch an ihre Tochter weitergab.

> Bittet mich um Früchte meiner Kreuzesliebe.
> Erfleht die Ganden, die ich euch am Kreuz verdient habe.
> Das Kreuz ist die Erlösung aus aller Knechtschaft,
> die Lösung und Befreiung aus allen Banden der Sünde,
> die vollkommene Versöhnung,
> die alles, was war, aufhebt
> und einer neuen Ordnung unterstellt:
> Der Herrschaft der Liebe.
> Glaubt daran.
> Ich habe euch für immer
> ein Unterpfand dieser Liebe geschenkt:
> Mein geöffnetes Herz.
> In ihm ist euch alle Rettung und alles Heil gegeben.
> Alle will ich euch in diesem Herzen beheimaten, alle.
> Es soll eure schützende Burg sein.
> Und keiner wird verlorengehen,
> der diesem Herzen vertraut
> und dort seine Zuflucht nimmt.
> Kommt doch und bringt alle mit.

Ihr dürft und sollt sie mir bringen,
im Vertrauen auf meine übergroße Barmherzigkeit
und Liebe.

Bittet mich um die Früchte meiner Kreuzesliebe,
Franziska Maria von der gekreuzigten Liebe

„... D a s i s t d a s e i n z i g e H e i l m i t t e l, u m d e n Z o r n z u b e s ä n f t i g e n. S c h w e i g e i n D e m u t u n d G e d u l d, *und wenn du merkst, dass du nicht mehr schweigen kannst und grob werden würdest, dann geh fort. Man muss zu schweigen und fortzugehen wissen! Nicht aus Feigheit, nicht aus Mangel an Worten, sondern aus Tugend, Klugheit, Liebe und Demut. Bei Streitigkeiten ist es so schwierig, gerecht zu bleiben und den Seelenfrieden zu bewahren. Immer dringt etwas ein, verändert unser Inneres, trübt es und stört die Ruhe. Und das Bild Gottes, das sich in jedem guten Geiste widerspiegelt, wird verdunkelt, entschwindet, und man kann sein Wort nicht mehr hören. Friede! Friede unter den Brüdern.* F r i e d e a u c h i m U m g a n g m i t d e n F e i n d e n. *Wenn sie unsere Feinde sind, sind sie Freunde des Teufels. Aber sollen auch wir Freunde Satans werden, indem wir den hassen, der uns hasst? Wie können wir sie zur Liebe führen, wenn wir selbst außerhalb der Liebe stehen? Ihr sagt mir: ‚Jesus, du hast es schon so oft gesagt und handelst danach; aber man hasst dich dennoch!' Ich werde es immer sagen. Wenn ich nicht mehr unter euch bin, werde ich euch diese Worte vom Himmel aus eingeben. Ebenso sage ich euch,* z ä h l t n i c h t d i e N i e d e r l a g e n, s o n d e r n d i e S i e g e. *Preisen wir den Herrn für sie! Es geht kein Monat vorüber, ohne dass einige Erfolge zu verzeichnen sind ... Das muss sich der Diener Gottes vor Augen halten und darüber im Herrn jubeln, ohne in Zorn zu geraten wie die Weltleute, wenn ihnen einer ihrer armseligen Siege verloren geht."*

Mit der Krankheit im Verborgenen konnte mein Pflegevater schon gar nicht mehr er selbst sein, ohne anzuecken. Ich war nicht der Einzige, der sich seine Meinung über ihn gebildet hatte. Bei

Fremden hingegen konnte er sich neu erfinden und vorgeben jemand zu sein, zu dem ihn die Krankheit machen würde. Ich bildete mir ein, sein Schuldbewusstsein schärfen zu können, aber weit gefehlt. Dabei stand ich mir buchstäblich selbst im Weg, denn hinderlich dabei war vor allem, dass die Pflegefamilie mittlerweile zersetzt war von fragwürdiger Moral, da wir, der Nachwuchs, allesamt Beziehungen hatten, mit dem, was dazugehört. Wir waren alle wie die übrige Welt Meister im Totschweigen.

Wer schon einmal eine afrikanische Wüste erlebt hat, kennt auch die atemberaubende Stille dort und kann nachvollziehen, wie laut die Stille sein kann für jene, die wir aus der „Zivilisation" kommen. Wenn sie keinen Vogel und nicht das leiseste Geräusch mehr hören, brüllt sie dieses Phänomen der Stille förmlich an. Zu dieser Zeit wurde meiner Pflegemutter auch noch ein Herzschrittmacher eingesetzt. Da war für mich emotional der Augenblick gekommen, um einzugestehen, dass ich dieser Familie nicht mehr länger zur Last fallen durfte. Als immerwährender Zeuge einer unausgesprochenen Wahrheit und dem Wesen nach immer schon übermütig, war ich zum Stein des Anstoßes und zur unüberwindbaren Belastungsprobe geworden.

Rückblickend betrachtet war der Bösewicht bestimmt keine Einzelperson in klassischer Sichtweise, eher verbirgt sich hinter den Kulissen der Ereignisse eine listige Struktur der Zerstörung mit unzähligen Akteuren und Komplizen. Die meisten von ihnen agieren schon lange nicht mehr oder sind längst selbst Opfer ihrer eigenen Methoden geworden, dem sie sich mehr oder weniger bewusst oder unbewusst einverleibt haben. Auf diesem Weg verleiht sich die Struktur des Argen immer aufs Neue ein Eigenleben, auf der Suche, Leben zu vergiften und zu zerstören. Konsequenterweise hat diese Geschichte sogar ein „Happy End", um es gleich vorwegzunehmen, denn das System überlebt uns womöglich alle, so oder so. Wie machtlos wir dagegen sind, zeigt schon die tragische Lebensgeschichte Jesu und Seiner treuen Anhänger, dabei war Christus in der Tat unschuldig, während wir, jeder Einzelne von uns, seinen Anteil am System hat oder hatte. Was uns aber bleibt im Gegensatz zu jenen, die Christus nicht kennen oder kannten, ist, Ihn in rechter Weise mit vereinten Kräften anzurufen. Alle zusammen könnten wir bewirken, dass Er sich der Erde und ihren Bewohnern aufs Neue offenbart und in Seiner ganzen Herrlichkeit zeigt. Wer könnte uns bei diesem Ansinnen besser verstehen als die Mutter Jesus, die einst in schmerzlicher Sehnsucht Seiner Auferstehung harrte. In rechter Weise heißt, auch bereit zu sein, damit unser Gebet nicht verhallt wie Schall und Rauch.

„Was seid ihr? Ich frage es euch. Fragt es euch selbst im Inneren eures Herzens. Ihr seid nicht töricht. Ihr könnt euch erkennen als das, was ihr seid. Ihr braucht nur auf die Stimme eurer Seele zu hören, die unruhig ist und den Sohn dessen, der sie geschaffen hat, nicht länger beleidigen will. Aber obwohl ihr erkennt, was ihr seid, werdet ihr es nicht sagen. Ihr seid weder demütig noch aufrichtig. Ich jedoch sage euch, was ihr seid. Ihr seid teils Wölfe, teils wilde Ziegen. Aber keiner von euch ist ein wahres Lamm trotz des Schafspelzes, den ihr tragt, um als Lämmer zu erscheinen. Unter dem weichen, weißen Fell habt ihr alle die harten Farben, die spitzen Hörner, Tatzen und Klauen von Böcken oder wilden Tieren; und ihr wollt so bleiben, weil es euch gefällt, so zu sein, und weil ihr von Gewalt und Auflehnung träumt. Deshalb könnt ihr mich nicht lieben, mir nicht folgen und mich nicht verstehen. Wenn ihr zur Herde kommt, ist es, um zu schaden, Schmerz zu bereiten oder Verwirrung zu stiften. Meine Schafe haben Angst vor euch. Wenn sie wären wie ihr, müssten sie euch hassen. Aber sie können nicht hassen. Sie sind Schäflein des Friedensfürsten, des Meisters der Liebe, des barmherzigen Hirten. Sie kennen keinen Hass, und sie werden euch nie hassen, wie auch ich euch nie hassen werde. Ich überlasse den Hass euch, denn er ist die böse Frucht der dreifachen Begierlichkeit im entfesselten Inneren des Menschentieres, das lebt und dabei vergisst, dass es auch eine Seele besitzt, und nicht nur den Körper. Ich behalte, was mein ist: die Liebe. Und sie gebe ich an meine Schäflein weiter und biete sie auch euch an, um euch gut zu machen.

Wenn ihr gut würdet, würdet ihr mich verstehen und zu meiner Herde kommen, gleich den anderen, die zu ihr gehören. Wir würden uns lieben. Ich und meine Schafe, wir lieben uns. Sie hören auf mich und kennen meine Stimme. Ihr versteht nicht, was es in Wahrheit bedeutet, meine Stimme zu kennen. Es bedeutet, k e i n e n Z w e i fel zu haben an ihrem Ursprung und sie von den tausend anderen Stimmen der falschen Propheten als wahre Stimme vom Himmel unterscheiden zu können. Jetzt und immer wird es selbst unter denen, die sich für Anhänger der Weisheit halten und es teilweise auch sind, viele geben, die meine Stimme nicht unterscheiden können von anderen Stimmen, die mit mehr oder weniger Gerechtigkeit von Gott sprechen, die aber alle geringwertiger sind als meine Stimme ..."

So verließ das Kuckuckskind unfreiwillig für immer das fremde Nest. Für meine Pflegemutter aber sollten die härtesten Jahrzehnte ihres Lebens erst noch kommen, als sie an der Seite eines geistig und körperlich immer schwächer werdenden Mannes stand, der am Ende als Pflegefall rund um die Uhr von ihr betreut werden musste. Sie war etwas mehr als zehn Jahre älter als er und dennoch überlebte er sie nur um nicht mal drei Monate. Für meinen Pflegebruder war sie eine Heilige, für mich eine Heldin.

Obwohl ich als Kind ein sehr distanziertes Verhältnis zu meiner Pflegemutter gehabt hatte, war sie im Gegensatz zu meinem Pflegevater das Oberhaupt in der Familie und eine Respektsperson. Sie hatte alles im Haus im Griff mit einer derart unauffälligen Professionalität, wie es nur Heilige zu Tage fördern können. Jeder mit eigenem Haushalt weiß, was das einschließt: erstklassige Küche, Putzen, Waschen und wie zur Krönung noch ein kleiner blühender Garten. Ihr Blick war dabei allein nach vorne gerichtet, ohne auch nur das geringste Wort der Klage zu verlauten. Für dieses Vorbild bin ich ihr ungemein dankbar, denn es hat mir geholfen in meinem späteren Leben immer wieder aufzusehen oder bei

Bedarf neu anzufangen, und das war nicht gerade selten der Fall. Mein Pflegebruder nannte mich deshalb schon mal ein „Stehaufmännchen". Jedoch verbarg auch sie hinter dieser perfekten Fassade eine tiefe Unzufriedenheit. Ich erinnere mich daran, dass sie mir als Kind über einen sehr langen Zeitraum hinweg bitterböse Vorwürfe machen konnte über meine schlichte Anwesenheit.

Dass ich zum Opfer ihrer Unzufriedenheit degradiert war, hatte ich allerdings zuweilen selbst verschuldet. Ich erinnere mich an einen Vorgang, der sich in meinem 6. Lebensjahr abspielte, als ich mich gerade ein paar Wochen in der Familie eingelebt hatte. Meine Pflegeschwester und ich fanden uns an unserem Gartenzaun, als ein paar Nachbarskinder sich dort aufhielten. Wie es dazu gekommen ist, kann ich mir bis heute nicht erklären, jedoch hatten wir über unsere Eltern gelästert. Meine Pflegeschwester hat natürlich gepetzt – was soll ich sagen? Mädchen halt; und sodann nahm das Unglück für mich seinen Lauf. Meine Pflegemutter konnte mir das nicht vergeben und hatte mich daraufhin über viele Jahre meiner Kindheit dergestalt ignoriert und ihre Abneigung auf jede erdenkliche Weise spüren lassen. Dabei hatte ich Strenge als Knabe so bitter nötig wie kein anderer, gar kein Zweifel. Es gab aber vermutlich noch einen zweiten Grund warum sie mir keine Beachtung schenken wollte, auf den ich aber noch an anderer Stelle zum Sprechen komme.

„Ich werde viel kürzer leben. Sehr bald schon werde ich nicht mehr unter euch weilen und nicht mehr die Sonnenauf- und untergänge wie Meilensteine der anbrechenden und zu Ende gehenden Tage sehen; ich werde sie nur als Schönheiten der Schöpfung betrachten und den Schöpfer, der sie schuf und der mein Vater ist, preisen; ich werde weder die Blumen blühen und das Getreide reifen sehen, noch die Früchte der Erde benötigen, um mich am Leben zu erhalten, denn wenn ich einmal in mein Reich zurückgekehrt bin, wird mich die Liebe sättigen. Und dennoch werde ich die vielen Festungen, die die Herzen der Menschen sind, besiegen. Seht den Felsen dort, unterhalb der Quelle, an der Seite des Berges. Der Wasserstrahl

ist sehr fein; ich würde sagen, er fließt nicht einmal, er tröpfelt nur: Tropfen, die vielleicht seit Jahrhunderten auf den aus der Flanke des Berges vorspringenden Fels fallen. Und der Fels ist hart. ... Hat vielleicht schon der erste Tropfen, der unter dem Basaltvorsprung über dem Fels hervorgequollen und von der Höhe auf den Stein gefallen ist, diese Schale ausgehöhlt, die den Himmel, die Sonne, die Wolken und die Sterne spiegelt? Nein. Millionen und Abermillionen von Tropfen, einer nach dem anderen, sind aufeinander gefolgt. Wie Tränen sind sie dort oben hervorgequollen und glitzernd heruntergefallen, um mit einem Harfenton auf den Felsen aufzuprallen und im Sterben ein unmessbar winziges Teilchen der harten Marterie auszuwaschen. Und dies über Jahrhunderte, wie der Sand durch eine Sanduhr rinnt und die Zeit angibt ... Die Quelle weiß, dass ihre Töchter, die Tropfen, in das kleine Becken fallen, um dort zu sterben; aber sie hält sie nicht zurück. Sie drängt sie vielmehr zu ihrem Opfer, und damit sie nicht allein bleiben und in Traurigkeit verfallen, schickt sie ihnen immer neue Schwestern nach, so dass sie nicht einsam sterben müssen und sich in anderen verewigt sehen. Auf dieselbe Weise werde auch ich als erster hundert- und tausendmal an die harten Festungen der harten Herzen schlagen und dann mein Werk von meinen Nachfolgern fortsetzen lassen, die ich bis ans Ende der Zeiten senden werde. Und so werde ich mir Wege bahnen, und **mein Gesetz wird wie eine Sonne überall leuchten, wo es Geschöpfe gibt**. *Sollten diese dann das Licht abweisen und die Wege sperren, die die unermüdliche Arbeit bereitet hat, wird mich und meine Nachfolger in den Augen unseres Vaters keine Schuld treffen. Hätte diese Quelle sich in Anbetracht der Härte des Felsens einen anderen Weg gesucht und ihr Wasser wäre weiter drüben auf den grasbedeckten Boden gefallen, sagt mir, hätten wir dann diesen leuchtenden Edelstein und die Vöglein diese klare Erfrischung?*

... Ihr habt es gesagt. Ein überflüssiges oder zumindest müßiges Tropfen. Auch ich würde unvollkommene Arbeit leisten, wenn ich nur die Orte aufsuchte, an denen die Herzen bereit sind, mich aus Gerechtigkeit oder Sympathie aufzunehmen. Denn dann würde ich zwar arbeiten, gewiss aber ohne Mühen, vielmehr mit großer Selbstzufriedenheit. Ja, es wäre ein angenehmer Kompromiss zwischen Pflicht

und Vergnügen. Es ist nicht schwer, dort zu arbeiten, wo man von Liebe umgeben ist und die Liebe die zu bearbeitenden Seelen willfährig macht. Aber wo keine Mühe ist, ist auch kein Verdienst und nicht viel Gewinn; denn man wird nur wenige Eroberungen machen, wenn man sich auf die beschränkt, die schon in der Gerechtigkeit leben. Ich wäre nicht ich, wenn ich nicht versuchte, alle Menschen zuerst zur Wahrheit und dann zur Gnade zu führen."

Diese Härte war stellenweise für mich neuerdings die Hölle auf Erden und traumatisierend, der ich gerade dem Abgrund in meiner richtigen Familie entronnen war. Natürlich machte ich mir obendrein zunehmend Sorgen über meine Zukunft in der Familie, zumal regelmäßig das Jugendamt seine Aufwartung machte, um sich über mich zu erkundigen. Bei diesen Besuchen ist mir dermaßen das Herz in die Hose gerutscht, wenn über mich geurteilt wurde und ich über den Ausgang meines Schicksals im Unklaren war. Ich war sehr zurückgeblieben, eher schwach in schulischen Leistungen und schnell auf Streit aus, wenn es darum ging, Schwächere zu unterdrücken. Oder einmal hatte ich heimlich 5 DM aus dem Portemonnaie meiner Pflegeoma genommen, wofür ich eigentlich gar keine Gelegenheit hatte, um es auszugeben. So fand es meine Pflegemutter in der Vorbereitung für die Waschmaschine in meiner Wäsche wieder, wo ich es wohl vergessen hatte, was natürlich sehr, sehr peinliche und schmerzliche Fragen aufwarf.

Diesen Ungehorsam eignet man sich unwillkürlich als Kleinkind in einem Knabenheim inmitten einer Horde von Kindern und Jugendlichen an. Mein Pflegebruder, der ein paar Jahre jünger ist als ich und erst geboren wurde, nachdem ich schon in der Familie war, musste viele meiner Bosheiten ertragen, die ich dort im Heim erlernt hatte oder aber der aktuellen Frustration über meine Pflegemutter erwuchsen, obwohl ich ihn geliebt hatte und ich sehr glücklich war über einen „kleinen Bruder". Unser Verhältnis war dennoch freundschaftlich all die Jahre; er ist der friedfertigste Mensch, den ich kenne, mit vielen Begabungen und er hat mir meine Schandtaten nie nachgetragen, im Gegenteil, wir sprechen heute selbst viel über Religion.

Meine jüngere Pflegeschwester hingegen, die bereits in der Familie war, passte sich weitläufig meiner Pflegemutter an und unsere Streitigkeiten als Kinder arteten in regelrechten Schlägereien aus, bei der man auch schon mal dazwischengehen musste. Natürlich war es auch für sie nicht leicht, die ihre ersten Jahre allein mit ihren Eltern zubrachte, plötzlich Platz zu machen und noch dazu jemandem, der überhaupt nicht geneigt war, mit Puppen zu spielen, und dessen Verhalten doch eher auffälliger als liebevoller Natur war.

Daran hatte ich über all die Jahre nie gedacht, wenngleich wir mit dem Eintritt der Pubertät doch auch eher ein versöhnliches Verhältnis miteinander pflegten. In und nach den Jahren meiner Ausbildung war dann auch meine Pflegemutter milder gestimmt. Mit meinen ersten erfolgreichen Jahren im Beruf entwickelten wir, natürlich wieder getrübt durch die vielen Streitereien mit mir und ihrem Ehemann, sogar ein freundschaftliches Verhältnis, wenngleich ich mich bis ins hohe Erwachsenenalter hinein nicht erholen konnte von dem Kindheitstrauma, das ich durch ihre Hartherzigkeit davontrug.

Bis zu dem Zeitpunkt als ich diese Biografie verfasst habe, hatte ich vorzugsweise nach stressbedingten Zeiten buchstäblich immer wieder mal Alpträume mit ihr in der Hauptrolle. Nicht im entferntesten hätte ich daran gedacht, dass mich dieser Alptraum im wahrsten Sinne des Wortes eines Tages wieder einholen könnte, um noch einmal diese Hölle zu durchleben. Man bildet sich ein, man könnte sich ins Leben flüchten in der Hoffnung, alles hinter sich zu lassen: Ort, Erinnerung und Geschehen. Aber weit gefehlt. Das Unterbewusstsein spielt einem bei Zeiten immer wieder mal derart einen Streich. Es kam vor, dass ich bei einem sentimentalen Film geheult habe wie ein Schlosshund. Es brach einfach aus mir heraus, ohne zwingenden Grund.

Die seelischen Verletzungen der Kindheit liegen so tief, dass sie unerreichbar erscheinen. Letzthin brach es auch aus mir heraus am Abend als meine Pflegemutter starb, aber ich wusste gar nicht, dass sie gestorben war. Das erfuhr ich erst einen Tag später und habe mich doch sehr gewundert. Jetzt war ich in der Verantwortung zu vergeben. Dazu musste ich aber erst einmal halbwegs verstehen, was sie so verbittert sein ließ. Ein anderes Mal hatte ich bei einem persönlichen Rosenkranzgebet die Mutter Gottes geistig vor meinem Auge ganz real weinen sehen. Das war zu der Zeit als ich in München angekommen bin. Ich habe noch nie einen Menschen so weinen sehen und natürlich hat es mich sofort mitgerissen. Bis heute kann ich mir keinen eindeutigen Reim daraus machen und natürlich bemüht man sich danach um so mehr, sich Gott zu ergeben.

Letzthin sollte mir immerhin der Militärdienst erspart bleiben, denn als Jugendlicher hatte ich eine unerklärliche Knochenentzündung am Oberschenkelknochen, die aufwendig untersucht worden war. Damit hat sich womöglich auch die letzte Hoffnung meiner Pflegeeltern zerstreut, mir die Flausen austreiben zu können. Für mich war und ist es die Fügung Gottes, denn als wutgeladenes Individuum, den Dienst an der Waffe zu üben, halte ich für wenig fruchtbar.

Lösegeld

Der Tabernakel ist kein Grab, sondern ein Ort der ständigen Verehrung und lebendigen Anbetung der lebenslangen opfernden Liebe in dem Opfer Jesu Christi mit dem Finale am Kreuz, denn *Sein Fleisch ist wahrhaft eine Speise und Sein Blut ist wahrhaft ein Trank*. Christus selbst ist darin der Neue Bund mit dem barmherzigen Vater. Wozu also Kraft und Energie dafür vergeuden, über sein Selbst hinauswachsen zu wollen, wenn die wahre Größe des Menschen in IHM zu finden ist, im bedingungslosen Angenommen-Sein des Auferstandenen, dem Erstgeborenen des

Neuen Bundes. Wer die Eucharistie empfängt, wird Teil dieses Mysteriums in Seinem mystischen Leib und verschmilzt sozusagen mit dem Neuen Volk Israel. Im Bewusstsein des Christen vollzieht sich in der Gesinnung von Reue und Buße, d. h. dem festen Willen in **allen** Geboten Gottes zu wandeln, unwillkürlich eine geistige Wiedergeburt. Die gespendete Vergebung erfolgt in der ausschließlichen Gnade Gottes, wofür Sein eingeborener Sohn Jesus Christus in der Vergangenheit das Lösegeld an unser **aller** statt für die Menschen aller Zeiten entrichtet hat.

Demnach wiederholt sich bei der Feier der Heiligen Messe das Opfer des liebenden Gehorsams Jesu auf unblutige Weise, um es, mit einem Wort zu sagen, quasi auf eine Zeitreise zu schicken, um sich für das gezeigte Schuldbewusstsein als Lösegeld zu vermehren. Es vermehrt sich aber auch für jene, um deren Einsicht wir flehen, weil sie der Gnade für die notwendigen Denkanstöße noch bedürfen. Offenkundig nehmen ausgehend vom begangenen Opfer Jesu Sein Blut wie auch der Leib heute noch einmal mikroskopisch winzig Gestalt an in Brot und Wein. Man spricht also jedes Mal zu Recht vom eucharistischen Wunder. Natürlich ist es der Leib Christi mit jener selben Beschaffenheit von Genen, Zellen und Seele.

Es ist somit nicht nur ein Stück Fleisch oder Blut, das sich formt! Vielmehr fließt das ganze göttliche Wesen Jesu in die Wandlung mit ein, so wie er damals zu Lebzeiten gewandelt ist: unnachgiebig erfüllt von der Liebe zum Vater, als er gepredigt hat und nicht zuletzt wie er am Kreuz mehr denn je davon erfüllt war im Wunsch für das Heil der menschlichen Seelen. Mit dem eigenen unverwechselbaren Gehorsam, das Opfer auf eine Weise zu vollbringen, das Gott gefällt. Es ist derselbe Gehorsam in Seinem Wesen, den bereits die Mutter Jesu zeit ihres Lebens mit liebevoller Hingabe erfüllt und die Geburt des Erlösers ermöglicht hat; sie deshalb zu Recht Miterlöserin genannt werden darf. In Vorwegnahme der Gnade für alle Erlösten durch die Verdienste ihres Sohnes war die Mutter Jesu so konsequenterweise als erster Mensch von der Erbsünde und der Strafe durch den Tod erlöst worden.

Das Antlitz zur Erde geneigt, zwischen den Grashalmen, ruft Sabäa von Beth Lechi (eine Frau aus dem Volk mit prophetischer Rede vor Jesus und Pharisäern) aus: „... Schaue deinen König, o Volk Gottes! Erkenne sein Antlitz! Die Schönheit Gottes steht vor dir. Die Weisheit Gottes hat einen Mund erhalten, um dich zu unterrichten. Nicht mehr die Propheten, o Volk Israels, sprechen zu dir vom Unnennbaren. Er selbst ist es. Er, der das Geheimnis kennt, das Gott ist, spricht zu dir von Gott. Er, der die Gedanken Gottes kennt, drückt dich an sein Herz, o Volk, das du noch ein Kind bist nach so vielen Jahrhunderten, und nährt dich mit der Milch der Weisheit Gottes, um dich erwachsen werden zu lassen in Gott. Um dies zu tun, ist er in einem Mutterschoß Mensch geworden, im Schoß einer Frau Israels, die vor Gott und den Menschen größer ist als jede andere Frau. Sie hat das Herz Gottes geraubt mit einem einzigen Schlag ihres Herzens einer Taube. Die Schönheit ihrer Seele hat den Allerhöchsten verführt, und er hat in ihr seinen Thron aufgeschlagen. Maria vom Stamm Aarons sündigte, da die Sünde in ihr war. Debora erkannte, was zu tun war, aber sie handelte nicht danach. Jael war stark, aber sie befleckte sich mit Blut. Judith war gerecht und fürchtete den Herrn, und Gott war in ihren Worten und erlaubte ihr die Tat, damit Israel gerettet werde. Aber aus Liebe zum Vaterland verübte sie einen Meuchelmord. Die Frau aber, die ihn geboren hat, überragt diese Frauen, denn sie ist die vollkommene Magd Gottes und dient ihm ohne zu sündigen. Ganz rein, unschuldig und schön ist der prächtige Stern Gottes von seinem Aufgang bis zu seinem Untergang. Sie ist ganz schön, strahlend und rein, um Stern und Mond zu sein, Licht für die Menschen, auf dass sie den Herrn finden. Sie geht nicht voraus und folgt nicht der heiligen Lade wie Maria des Aaron, denn sie selbst ist die Lade. Auf den wilden Wellen dieser von der Sündenflut bedeckten Erde ist sie die rettende Arche, denn wer zu ihr kommt, findet den Herrn. Die makellose Taube fliegt aus und bringt den Ölzweig, den Zweig des Friedens für die Menschen, denn sie ist der herrliche Ölbaum. Sie schweigt, und in ihrem Schweigen spricht und tut sie mehr als

Debora, Jael und Judith. Sie ruft nicht auf zu Schlachten, sie stachelt nicht an zur Zerstörung, sie vergießt kein anderes Blut als das eigene, das auserwählte, das Blut, mit dem sie ihren Sohn gebildet hat. Arme Mutter! Erhabene Mutter! ... Judith fürchtete den Herrn, aber ihre Blüte war die eines Menschen. Diese hat ihre unversehrte Blüte dem Allerhöchsten geschenkt. Und das Feuer ist hinabgestiegen in den sanften Kelch der Lilie, und der Schoß einer Frau hat die Macht, die Weisheit und die Liebe Gottes umschlossen und getragen. Ruhm und Ehre sei dieser Frau! Singt, ihr Frauen Israels, ihr Lob!"

Man kann dergleichen die Barmherzigkeit Gottes niemals unterwerfen, beispielsweise in einem nimmermüden, formelähnlichen Gebilde namens Gottesdienst. Das Wunder setzt die innige Unterwerfung voraus und geht gemeinverständlich allein vom barmherzigen Gott aus, in dem alles vereint ist: Vergangenheit, Gegenwart und Zukunft, Beklagenswert wird es von nicht eindeutig erkennbaren Widersachern nachgeäfft und davon gibt es bei Leibe leider viel zu viele. Jene, die dem Vater das Opfer Seines Sohnes mit ihrem selbstverliebten Ego anbieten, um Ihn lieber tot als lebendig, lieber schweigend als gerecht zu sehen. Deshalb ist die sichtbare Grenze zwischen Erlösung und dem Akt der Verdunkelung selbst bei der Messe längst nicht mehr klar gezeichnet, sondern verläuft im Gegenteil zusehends verschwommen. Es gilt daher die Sinne zu schärfen auf der Zielgerade des ewigen Lebens und wachsamen Auges das Erbe Jesu Christi zu wahren und streitend dafür einzustehen. Einst tat meine kindliche Seele gut daran, sich gegen die seltsamen Bräuche wie beispielsweise das kollektive Unschuldsfieber während der katholischen Messfeier zu sträuben, die der Liebe für den Herrn trotz lauthalser Gesänge noch nicht mal im Entferntesten Genüge tut.

Der Priester bietet das Opfer Jesu als geweihte Person dem Vater im Himmel wie gesagt zur Errettung der Menschheit an. Geweiht heißt, er sollte es auch dem Wesen nach tun. Man kann sich das nicht oft genug vergegenwärtigen, denn Verschwendung wäre verwerflich oder zieht mit aller Konsequenz Abscheu und den Fluch Gottes an. Man empfängt nicht, um erst im Nachgang Reue zu entwickeln, um dementsprechend wie von Geisterhand die Erlösung in Empfang zu nehmen, sondern man macht sich den Preis dieser Nahrung vor dem Verzehr bewusst. Die Gnade der Vergebung ist eine Leihgabe, quasi eine Vorauszahlung, denn geistig neu geboren oder rein kann trotz der Opfergabe Jesu Christi nur sein, wer das eigene Schuldbewusstsein stets im Unrechtsbewusstsein auszudrücken versteht, um zu jedem Zeitpunkt auch Zeugnis davon zu geben, Ihn, Christus, als seinen Erlöser angenommen zu haben.

„... *Ich bin immer bereit, die Hand zu erheben und dem Reumütigen zu sagen: ‚Ich spreche dich los. Geh in Frieden!' Aber ich beleidige die Liebe nicht dadurch, dass ich mich mit unbußfertigen Herzen einverstanden erkläre. Habt dies immer vor Augen, um die Dinge im rechten Licht zu sehen ...*"

Die wenigstens sind sich darüber im Klaren, dass sie sich bewähren müssen, wenn sie sich die Kaution bezahlen lassen von Jesus Christus. Die ganz Schlauen verzichten deshalb komplett auf das Bußsakrament wie die übrige Welt ohne klarem Bekenntnis oder greifen höchstens ein- bis zweimal im Jahr darauf zurück in der Hoffnung, dem Urteil des Richters zu entgehen. Weit gefehlt, denn wer die Kaution ablehnt, muss mit der ganzen Härte des Gesetzes rechnen, das dann keinen Unterschied mehr macht zwischen Gläubigen oder Atheisten.

Gehorsam um jeden Preis, ohne das Opfer zu scheuen, wie Christus es uns vorgelebt hat. Dafür mit Seinem Lösegeld auf Bewährung frei zu sein, kann durchaus ein langwieriger und schmerzhafter Lernprozess sein, der sich über ein ganzes irdisches Leben hinzieht, an dessen Ende aber die ewige Gewissheit steht, frei zu sein in der Geborgenheit der Güte Gottes. Insbesondere die Mutter Jesu mit ihrer Vermittlung als Helferin in allen Nöten und *Braut des Heiligen Geistes* steht den Menschen im Leben bei, wie sie ehedem Christus mit ihrer aufopfernden Liebe beigestanden hat. Man stelle sich vor, der Erlöser ist der eigene Sohn, ohne Makel, das liebenswürdigste Geschöpf, das diese Erde je gesehen hat, und dennoch verfolgt wie ein Schwerverbrecher und geschlachtet wie ein Opfertier. Das übersteigt jede Vorstellungskraft, aber ihre geistigen und psychischen Schmerzen waren die Geburtswehen für die Erlösung der ganzen Menschheit durch ihren Sohn. Beten wir deshalb vertrauensvoll, wenn wir beten, auch wenn es darum geht, es für andere zu tun, die drohen auf der Strecke zu bleiben, weil niemand für sie betet.

Das Mahl im Gedenken an Jesus Christus ist als eine Art Siegel zu denken, eine Übereinkunft Gottes mit dem gewandelten Sünder. Ganz nach dem Beispiel Jesu, mit dem Unterschied, dass er nie eine Sünde begangen hat, der Seinen Körper im Wesen nach als Mittel Seines Gehorsams der Liebe und mit Seinem Einsatz auch dem Schmerz und dem Tod übergab. Die Einheit ist also entgegen weitverbreiteter Praxis keine rein physische Komponente, denn das wäre eine Reduzierung der göttlichen Absicht auf das Körperliche oder Sichtbare.

Das Wesen des Menschen kann folgendermaßen, wenn es sich insofern vollkommen mit seinem Schöpfer verbunden sehen will, nicht eigene Wege gehen wollen, denn Ungehorsam oder Widerspenstigkeit laufen dem Wesen der Liebe und dem Neuen Bund natürlicherweise zuwider. Die gewandelte Hostie und der Wein, die empfangen werden, tragen das Wesen und den Pulsschlag der opfernden Liebe in sich, mit der Jesus sich Sein ganzes Leben mühte. Es sind demnach zwei Seiten von ein und derselben Medaille. Die Liebe vergibt, verlangt aber auch ein Unterpfand. Die Verkündigung und das Wirken Jesu Christi als Lehre spiegeln in höchstem Maße die Anforderung an unser Wesen und unsere Verantwortung, die wir im Neuen Bund Erlösung empfangen wollen. Die Seele Christi hat alles ertragen, warum sollte Er nicht das für uns Ertragbare auch von uns erwarten? Erlösung ist folglich kein Wunschkonzert, für niemanden!

„Was zu suchen, seid ihr an diesen Ort gekommen? Die Heilung des Körpers, o ihr Kranken, und sie wurde euch gegeben. Das Wort der Frohen Botschaft, und ihr habt es gefunden. Aber die Gesundheit des Körpers muss eine Vorbereitung sein auf der Suche nach der Gesundheit der Seele. So wie das Wort der Frohen Botschaft eine Vorbereitung sein muss auf euren Willen zur Gerechtigkeit. Wehe, wenn das körperliche Heil sich beschränken würde auf das Wohl von Fleisch und Blut und nicht auch mitwirken würde zum Heil der Seele!"

Die Liebe als Ursache der Vergebung, kann förderhin nicht herausgetrennt von der allgemeinen Schöpferliebe oder getrennt von ihr behandelt werden, das muss einleuchten. Reziprok sind der Neue Bund und die Frohe Botschaft, wie Christus sie uns verkündigt oder vorgelebt hat, bzw. der ständige Neuanfang in ihnen nicht zu denken, ohne die vergebende Liebe Christi. Soll heißen, wer die Schöpferliebe preisen will, ohne dass ein Akt der lebendigen Reue bzw. Dankbarkeit im Leben des erlösten Gläubigen sichtbar wäre, sagt bloß die halbe Wahrheit. Ohne die Liebe des Geschöpfes zu seinem Schöpfer wird Vergebung keine Früchte zeitigen und ohne Umkehr findet die Liebe des Schöpfers beim Geschöpf keine Grundlage.

Gleichwohl trennt der Mensch in seiner brachialen Willkür, was Gott als Einheit betrachtet, um auf das eine oder andere Opfer verzichten zu können oder eine Abkürzung zu nehmen, was sich oft auch am Beispiel der häufigen Scheidungen zeigt. Das liegt größtenteils aber auch daran, dass die Frohe Botschaft als solche keine mehr ist, weil sie zum einen nunmehr schon seit Jahrhunderten bis heute nur noch bruchstückhaft übermittelt wird bzw. der Wortgottesdienst zu einer rein mechanischen oder theatralischen Aneinanderreihung liturgischer Elemente verkommt, in dem das Wort viel zu wenig zu Wort kommt.

Jesus zu Valeria, der Frau eines mächtigen Römers: „... Du denkst: Er hat ein schlechtes Beispiel gegeben. Das ist wahr. Aber das *enthebt dich nicht der Pflicht, deinerseits ein Beispiel der Tugend zu geben. Er ist fortgegangen, das ist wahr. Du aber nimm bei deiner Tochter und der Dienerschaft seinen Platz ein.*

In den Augen der Welt, besonders unserer jüdischen, scheint ihr töricht zu sein wegen eurer Verehrung dessen, was nicht existiert. Aber für die ewige und wahre Gerechtigkeit, für den höchsten, einzigen und allmächtigen Gott, den Schöpfer aller Menschen und Dinge, waren diese Tugenden, diese Verehrung und diese Pflichterfüllung nicht vergebens! Das Gute ist immer gut. Der Glaube hat immer den Wert des Glaubens. Die Religion hat immer den Wert der Religion, wenn der, der ihr anhängt, sie befolgt und sie übt, überzeugt ist, in der Wahrheit zu sein.

... Du wirst geliebt werden, Valeria, sowohl von Gott als auch von deiner Tochter und deiner Dienerschaft. Und wenn du auch nicht mehr Gattin sein solltest, sondern eine geschiedene Frau, so erinnere dich daran (Jesus steht auf), dass die gesetzliche Trennung die Frau nicht der Pflicht enthebt, ihrem Brautschwur treu zu bleiben.

... Da du unseren Glauben annehmen willst, tust du es, um mir zu folgen. Und ich, das Wort Gottes, sage dir, da die Zeit der vollkommenen Religion angebrochen ist, was ich vielen anderen sage. Es ist dem Menschen nicht erlaubt zu trennen, was Gott verbunden hat, und ein Ehebrecher ist, wer zu Lebzeiten des anderen Ehegatten eine neue Ehe eingeht.

Scheidung ist gesetzliche Prostitution. Sie gibt Mann und Frau Gelegenheit, Sünden der Wollust zu begehen. Die geschiedene Frau bleibt schwerlich die Witwe eines lebenden Mannes, die treue Witwe. Der geschiedene Mann bleibt nie seiner ersten Frau treu. Beide steigen, wenn sie eine neue Verbindung eingehen, von der Stufe der Menschen auf die der vernunftlosen Tiere hinab, denen es gestattet ist, das Weibchen bei jedem Anruf der Sinne zu wechseln. Die legale Unzucht, die eine Gefahr für die Familie und das Vaterland darstellt, ist ein Verbrechen an den Unschuldigen. Die Kinder der Geschiedenen müssen ihre Eltern verurteilen. Ein strenges Urteil ist das der Kinder! Wenigstens ein Teil der Eltern wird von den Kindern verurteilt. Und die Kinder werden durch die Selbstsucht der Eltern zu einem verstümmelten Gefühlsleben verurteilt. Wenn nun zu den familiären Konsequenzen der Scheidung, die die unschuldigen Kinder des Vaters oder der Mutter berauht, eine neue Ehe des Elternteils, dem die Kinder zugesprochen wurden, hinzukommt, so erleiden diese Kinder – die schon durch das Fehlen eines der Eltern eine gefühlsmäßige Verstümmelung erlitten haben – nun noch eine zweite Verstümmelung durch den mehr oder weniger gänzlichen Verlust der Zuneigung des ihnen verbliebenen Elternteils; denn dessen Gefühle sind nun geteilt, oder er widmet sich ganz der neuen Liebe und den Kindern des neuen Ehegatten.

Von Heirat zu sprechen, von Ehe im Fall einer neuen Verbindung des Geschiedenen oder der Geschiedenen bedeutet, Sinn und Wesen der Ehe zu profanieren. Nur der Tod eines der Gatten und die folgende Witwenschaft des anderen kann die zweite Ehe rechtfertigen. Obwohl ich der Meinung bin, dass es besser wäre, sich den immer gerechten Beschlüssen dessen zu fügen, der die Schicksale der Menschen bestimmt, sich in Keuschheit zu ergeben, wenn der Tod dem Ehestand ein Ende gesetzt hat, und sich ganz den Kindern zu widmen und den ins andere Leben hinübergegangenen Gatten in seinen Kindern zu lieben. D a s i s t L i e b e o h n e B i n d u n g e n a n d a s I r d i s c h e , h e i l i g e , e c h t e L i e b e !

Arme Kinder, die nach einem Todesfall oder dem Zusammenbruch der Familie die Härte eines zweiten Vaters oder einer zweiten Mutter und die Beklemmung kennenlernen, alle Liebkosungen mit anderen Kindern teilen zu müssen, die nicht ihre Geschwister sind!

Nein, in meiner Religion wird es keine Scheidung geben. Ehebrecher und Sünder wird der sein, der eine Zivilscheidung aussprechen lässt, um eine neue Ehe einzugehen. Das menschliche Gesetz wird nichts an meinem Gebot ändern. Die Ehe in meiner Religion wird nicht mehr ein bürgerlicher Vertrag sein, ein moralisches Versprechen, das man in Gegenwart der dazu bestimmten Zeugen, die es bestätigen, ablegt, sondern vielmehr ein unauflösliches Band, bestätigt, bekräftigt und geheiligt durch die heiligende Macht, die ich ihr dadurch verleihen werde, dass ich sie zum Sakrament erhebe. Damit du mich besser verstehst: zu einem heiligen Ritus. Diese Macht wird eine Hilfe sein, alle ehelichen Pflichten in heiliger Weise zu erfüllen; aber sie wird auch die Unauflöslichkeit des Bundes bestätigen.

Bisher war die Ehe ein gegenseitiger, natürlicher und sittlicher Vertrag zwischen zwei Menschen verschiedenen Geschlechtes. Wenn mein Gesetz in Kraft tritt, wird dieser Vertrag ausgedehnt auf die Seelen der Eheleute. Sie wird daher auch ein geistiger, von Gott durch seine Diener geheiligter Vertrag sein. Du weißt aber, dass nichts größer ist als Gott. Was er daher verbunden hat, kann keine Autorität, kein Gesetz und keine Laune der Menschen mehr trennen.

Das ‚Ubi tu Caius, ibi ego Caia' eures Ritus wird sich verewigen selbst über unseren, meinen Ritus hinaus, denn der Tod ist nicht das Ende, sondern nur die zeitliche Trennung des Gatten von der Gattin, und die Pflicht zu lieben dauert fort auch über den Tod hinaus. Daher sage ich, dass ich die Keuschheit der Verwitweten wünsche. Aber der Mensch kann nicht keusch sein. Daher sage ich auch, dass die Ehegatten die Pflicht haben, sich gegenseitig zu heiligen.

… ich kann nichts anderes tun als dich vorzubereiten, den Dornenkranz der verlassenen Gattinnen zu tragen …"

Der Gläubige selbst ist gefordert, sich nicht nur die Rosinen rauszupicken, sondern differenziert der Wahrheit ins Auge zu sehen in einem Glauben, dem nicht der Geschmack von menschlicher Gerechtigkeit anhängt und Gott nicht nur die Eigenschaft der Barmherzigkeit zuspricht, sondern bei dem Gott allein selbst die Gerechtigkeit ist. Erlösung drückt nicht allein den Umstand der Reinigung von vergangener Schuld aus, sondern umfasst mit der Demut vor der Gnade Gottes wirkträchtig auch die Bewahrung vor künftiger Schuld bzw. vor jeder Versklavung durch alte und neue Sünde mitsamt ihren Versuchungen im Hier und Jetzt. Es gilt ferner, dass nur eine von der ganzen Wahrheit berührte Seele sich reinigen will und nur ein von umfänglicher Liebe ergriffenes Herz die Kraft hat, den Neuanfang auch durchzuhalten. Es ist die eine Schöpferliebe, die alles umfasst und nichts außer Acht lässt. Davon profitiert letztendlich, wer förderhin mit dem Heiligen Geist wandelt. Er schöpft in Gott und ist erfüllt mit dem wahren Leben und Glauben.

Immer wenn ihr mich
um Verzeihung und Barmherzigkeit anfleht,
wird mein Herzblut zum Gnadenstrom der Liebe,
der die Seelen rettet und heilt,
für die eure Herzen mich darum bitten.
Nützt diese Gnadenquellen.
Werdet nicht müde zu beten und zu bitten.
Zeigt mir eure eigenen Verwundungen
und legt dann diese unheile,
diese arme, zutiefst verwundete Menschheit
in mein geöffnetes Herz.
Zögert nicht, mich um Gnade und Erbarmen zu bitten.
Alles ist durch meine Kreuzesliebe
zur Rettung und Erlösung bestimmt.
Glaubt an diese Liebe und hört nicht auf,
mir alles anzuvertrauen,
damit ich es heimhole ins Herz des Vaters.

Nützt diese Gnadenquellen,
Franziska Maria von der gekreuzigten Liebe

Einer im Tempel, ein würdevoller, kleiner, alter Mann murmelt etwas vor sich hin: „... *Ich habe die Worte wiederholt, die ich in meiner Jugend von meinem Lehrer Hermogenes gehört habe: ‚Es ist dem Menschen gegeben, durch die Tugend aufzusteigen zu göttlicher Vollendung. Im Geschöpf ist der Abglanz des Schöpfers, der umso stärker in Erscheinung tritt, je mehr sich der Mensch durch die Tugend veredelt und die Materie sich gleichsam im Feuer der Tugend verzehrt. Und es ist dem Menschen gegeben, das Sein zu erkennen, das sich wenigstens einmal im Leben eines Menschen mit Strenge oder mit väterlicher Liebe dem Geschöpf offenbart, damit es sich sagen kann: ‚Ich muss gut sein. Wehe mir Elendem, wenn ich es nicht bin; denn eine unermessliche Macht ist vor mir aufgeleuchtet wie ein Blitz, um mir zu erkennen zu geben, dass die Tugend eine Pflicht und ein Zeichen der edlen Natur des Menschen ist.'* Ihr werdet *diesen Blitzstrahl der Gottheit vielleicht in der Schönheit der Natur finden, vielleicht im Wort des Sterbenden oder auch im Blick eines Unglücklichen, der euch anschaut und richtet, oder im Schweigen der geliebten Person, die schweigend eine eurer unredlichen Handlungen tadelt. Ihr werdet ihn finden im Schrecken eines Kindes angesichts eurer Gewalttätigkeit oder im Schweigen der Nacht, wenn ihr allein mit euch selbst seid und in der verschlossenen, einsamen Kammer ein anderes Ich wahrnehmt, das mächtiger ist als euer eigenes und lautlos zu euch spricht. Und das ist Gott, dieser Gott, der sein muss; dieser Gott, den die Schöpfung anbetet, vielleicht ohne es zu wissen; dieser Gott, der Einzige, der allein wahrhaft das Verlangen des tugendhaften Menschen befriedigen kann, der sich nicht gesättigt und getröstet fühlt durch unsere Zeremonien und unsere Lehren und auch nicht durch unsere leeren Altäre, die auch dann leer sind, wenn eine Statue darauf steht ... Hermogenes ist gestorben, ohne dich gekannt zu haben."'*

Jesus antwortet: „*Die persönliche Bekanntschaft ist nicht die einzige mögliche und notwendige, um mich zu besitzen. Der Mensch, der es durch seine Tugend erreicht, den unbekannten Gott wahrzunehmen und tugendhaft zu leben zu Ehren dieses Gottes, kann wohl sagen, dass er Gott gekannt hat; denn Gott hat sich ihm geoffenbart zum Lohn für sein tugendhaftes Leben. Oh, wenn es nötig wäre, mich persönlich zu kennen, dann hätte bald niemand mehr die Möglichkeit, sich mit mir zu vereinigen. Denn, ich sage es euch, bald wird der Lebende das Reich der Toten verlassen, um in das Reich des Lebens zurückzukehren, und bald werden die Menschen mich nur noch d u r c h d e n G l a u b e n u n d d e n G e i s t k e n n e n l e r n e n können. Aber anstatt aufzuhören, wird die Erkenntnis meiner Person sich verbreiten und vollkommen sein, da die Schwerfälligkeit der Sinne sie nicht mehr belastet. Gott wird sprechen, Gott wird wirken, Gott wird leben, Gott wird sich enthüllen in den Seelen seiner Getreuen in seiner unfasslichen und vollkommenen Natur. Und die Menschen werden den Gottmenschen lieben, und der Gottmensch wird die Menschen lieben durch neue Mittel, überirdische Mittel, die er in seiner unendlichen Liebe auf Erden zurücklassen wird, bevor er zum Vater zurückkehrt, nachdem er alles vollbracht hat."*

Schlecht beraten

Die physische Verschmelzung mit Jesus Christus, dem Sohn Gottes durch die gewandelten Gestalten von Brot und Wein entfaltet sich danach wesenhaft, indem der Gläubige gewillt ist, sich in die Schar der Erlösten im Neuen Bund einzureihen. Die Menschwerdung Christi vollzieht sich nur in einer reinen Seele, welche die Eucharistie empfängt. Das Wesen Christi vermischt sich mit dem Wesen des Menschen und ein neuer Mensch wird geboren, weil Christus lebendig wird in ihm; ein zweiter Sohn oder Tochter wird geboren. Maria kann demgemäß berechtigterweise als die auserwählte Mutter jenes Bundes und die Mutter aller Erlösten genannt werden, die Christus, den Erstgeborenen des Neuen Bundes, geboren hat, der im Schoße der Mutter mit ihrer zutiefst jüdischen Abstammung aus dem Hause keines Geringeren als König David herangebildet wurde. Das darf zweifelsohne Spuren hinterlassen beim wahren Gläubigen.

Gewiss ein Alptraum für Adolf Hitler und seine Schergen, denen die Reproduktion der jüdischen Abstammung unter Katholiken durch die Vermehrung der göttlichen Speisen im wahrsten Sinne des Wortes mutmaßlich ein Dorn im Auge gewesen sein dürfte, davon zeugen die vielen direkten und indirekten Anfeindungen, bekannt aus der Zeitgeschichte des sogenannten Dritten Reiches. Hineingeboren in eine katholische Familie und hautnah mit den Sitten und Bräuchen des Katholizismus bekannt, wusste Hitler Bescheid. Hätte er gesiegt, wäre das infolgedessen in nächster Instanz umgekehrt auch das Ende für die europäischen Katholiken gewesen, wenn man bedenkt, wie das Dritte Reich mit Juden verfahren ist. Nicht zu verachten der große Schaden für die Eucharistie des dritten Jahrtausends, der bereits durch die Chefideologen des Diktators im Hintergrund systematisch eingeläutet wurde. In der Systematik waren sich solchermaßen jene, die sich erbittert im Stolz über andere Menschen erhoben und dabei gegenseitig übertrafen, einig und deshalb bis zu einem bestimmten Grad unschlagbar.

Das sollte doch jenen zu denken geben, die heute Liturgie der Liturgie willen betreiben und wohl mehr unbewusst als bewusst im Sakralraum Systematik auf den Gipfel treiben und damit ungewollt auch das Erbe Hitlers mit seinem unverhohlenen Perfektionismus. Hinterher äußert sich heute bei katholischen Christen allenfalls im feigen Schweigen ein befremdlicher Gleichlaut gegenüber der genetischen Verbindung mit dem jüdischen Volk, die von der Eucharistie ausgeht. Das Bewusstsein für die physische Komponente mit jüdischer Abstammung durch den Verzehr der Heiligen Kommunion ist mitunter so leise, dass es schon zum Fürchten ist. Wer wollte dementsprechend die Lehre daraus ziehen, die Ambitionen wecken könnte, welche desgleichen unsere jüdischen Brüder und Schwestern zu unserem gemeinsamen Messias heranführen könnten? Wo ist die Sehnsucht nach dem Samen, der sich danach verzehrt, im ursprünglichen Volk des Erlösers Früchte zu zeitigen? Mutmaßlich verhindert das der pure Dilettantismus, welcher aus der Feigheit geboren wird, den Glauben vollumfänglich als das zu leben, was er ist: Erlösung.

Jesus an die Leser gerichtet: *„… Glücklich jene, die so leben, dass sie nie bereuen müssen, jemanden betrübt zu haben, der nun tot ist und den man nicht mehr trösten kann in seinem Schmerz. Aber noch glücklicher jene, die sich nicht anklagen müssen, ihren Gott, mich, Jesus, betrübt zu haben, und sich vor der Begegnung mit mir nicht fürchten, sondern danach verlangen als nach einer das ganze Leben ungeduldig erwarteten und endlich erreichten Freude.*

Ich bin euer Vater, Bruder und Freund. Warum verletzt ihr mich so oft? Wisst ihr denn, wie viel Zeit zu leben euch noch bleibt? Zu leben, um wiedergutzumachen? Ihr wisst es nicht. Daher handelt recht, Stunde um Stunde, Tag für Tag, immer. So macht ihr mich immer glücklich. Und wenn euch Leid trifft – denn der Schmerz ist Heiligung, ist die Myrrhe, die vor der Verwesung der Fleischlichkeit bewahrt –, werdet ihr immer die Gewissheit haben, dass ich euch liebe, dass ich euch auch in dieser leidvollen Stunde liebe, und ihr werdet auch den Frieden haben, der aus meiner Liebe kommt. Du, kleiner Johannes, weißt, dass ich auch im größten Leid tröste."

Das jüdische Volk mit seinen Utopien und Scheinwahrheiten sich selbst zu überlassen, mündet mittlerweile in einen unterschwelligen Antisemitismus, der lautstark vom Stapel gelassen eher kontraproduktiv wäre. Das hat nach den Lehren des 2. Weltkrieges auch der letzte sogenannte aufgeklärte Christ verstanden. Wie sehr das israelische Volk einstweilen kompromittiert wird, nicht nur von den dunklen Mächten seiner Nachbarn, die sich in diesen Stunden weltweit in einer Überzahl zusammenrotten, zeigte wahrhaftig der scheinbar nicht mehr zu kittende Riss querbeet durch die israelische Gesellschaft. Der Terroranschlag vom 7. Oktober 2023 brachte ein Erwachen in Israel auf allen Ebenen und eine Rückbesinnung auf einheitliche Werte. Zuvor aber wollte die Utopie des weltweit gefeierten Säkularismus einerseits dem Fanatismus aus der Hand religiöser Ultras andererseits die Stirn bieten und umgekehrt. Darüber hinaus hält eine bereits seit Jahrzehnten korrupte Regierung Israel und ihren Bewohnern maßgeblich den Spiegel vor das Gesicht, wie machtlos es vor den Augen der Welt erscheint.

Es steht geschrieben: ‚Vom Herrn gesegnet sei sein Land mit dem Köstlichsten vom Himmel droben und den Quellen aus dem Abgrund, mit dem Köstlichsten, was die Sonne hervorbringt, und dem Köstlichsten, was die Monde sprießen lassen, mit dem Besten der uralten Berge und dem Köstlichsten der ewigen Hügel, dem Köstlichsten der Erde und ihrer Fülle.' Und auf diese Worte des Pentateuch gründen sie ihren unerschütterlichen Stolz und ihren Glauben, den anderen überlegen zu sein. So ist es. Auch das Wort Gottes und seine Gaben werden zur Ursache des Verderbens, wenn sie hochmütigen Herzen zuteil werden. Sie selbst sind nicht schlecht, doch der Stolz verdirbt ihre guten Eigenschaften, sagt Jesus.

Es ist das eine, ganze Landstriche käuflich zu erwerben, denn über 90 % des heutigen Staatsgebietes Israels gingen noch vor der Staatsgründung käuflich aus Besitztümern des ehemaligen Osmanischen Reiches der Türken über an wohlhabende Juden, was sich aber der Form halber ganz gravierend von dem Landesrecht unterscheidet, darauf vorgeblich in der Autorität Gottes einen Staat auszurufen. Mögen Juden ihren Staat gründen können und weiterentwickeln, um sich zu organisieren, verwalten und vernünftig verteidigen zu können nach dem Prinzip der Gleichheit vor dem Gesetz für alle Bewohner des Landes. Das darf ihnen niemand absprechen. Aber warum den Namen Gottes besudeln? Gott hat euch das Land nicht zurückgegeben, ihr habt es euch wieder genommen, vielmehr hat Er euch darin gewähren lassen, es in Teilen legal zurückzukaufen. Nun bewährt euch in dieser einmaligen Chance wie Gott es allen Menschen auf dieser Erde zugedacht hat.

„Man beschuldigt dich, sie so sehr zu lieben, dass du immer sagst: "Höre, Israel", anstatt zu sagen: "Höre, Juda." Und dass du Juda nicht tadeln kannst..."
„Ist das wahr? Verlässt die Weisheit hier die Rabbis? Bin ich denn nicht das Reis der Gerechtigkeit, das aus David entsprossen ist und durch das, wie Jeremias sagt, Juda gerettet werden wird? Damals sah der Prophet voraus, dass Juda, ja, vor allem Juda, des Heils bedürftig sein würde. Und dieses Reis, sagt der Prophet noch, wird genannt werden: "Der Herr, unsere Gerechtigkeit", denn, so spricht der Herr: "Nie soll es David an einem Nachkommen fehlen, der auf dem Thron des Hauses Israel sitzt." Und? Hat der Prophet sich geirrt? War er vielleicht betrunken? Wovon? Gewiss von der Buße, und von nichts anderem. Denn um mich anzuklagen, wird niemand behaupten wollen, dass Jeremias ein Prasser gewesen sei. Und doch sagt er, dass das Reis aus David Juda retten und auf dem Thron Israels sitzen wird. Demnach müsste man sagen, dass nach den Erleuchtungen des Propheten Israel vor Juda erwähnt sein wird, dass der König nach Israel geht und es schon eine Gnade sein wird, wenn Juda nur gerettet wird. Wird das Reich also das Reich Israel genannt werden? Nein, es wird das Reich Christi genannt werden. Das Reich dessen, der die zerstreuten Teile sammeln und sie im Herrn wieder vereinigen wird, nachdem er – nach den Worten des anderen Propheten – in einem Monat, was sage ich, in weniger als einem Tag

die drei falschen Hirten gerichtet und verurteilt und ihnen sein Herz verschlossen hat, da auch sie ihm ihr Herz verschlossen und ihn zwar ersehnt, aber dann nicht in seiner wahren Natur geliebt haben. Nun wird der, der mich gesandt und mir die beiden Stäbe gegeben hat, den einen wie den anderen zerbrechen; denn für die Grausamen soll es keine Gnade mehr geben, und die Strafe wird nicht mehr vom Himmel, sondern von der Welt kommen. Und nichts ist schlimmer als die Geisel, die Menschen über die Menschen bringen. So wird es sein. Genauso! Ich werde geschlagen, und die Schafe werden zu zwei Drittel zerstreut werden. Nur ein Drittel wird sich retten und bis ans Ende ausharren. Und dieses Drittel, immer nur ein Drittel, wird durch das Feuer gehen, durch das ich als Erster gehe. Es wird wie Silber und Gold geläutert und geprüft werden, und es wird zu ihm gesagt werden: "Du bist mein Volk", worauf es zu mir sagen wird: "Du bist mein Herr." Und es wird geschehen, dass für 30 Silberlinge, der Preis der schrecklichen Tat, der schändliche Handel abgeschlossen wird. Und dorthin, von wo sie hergekommen sind, werden sie nicht mehr zurückkehren können; denn selbst die Steine würden aufschreien vor Entsetzen, wenn sie diese Münzen sehen müssten, befleckt vom Blut des Unschuldigen und vom Schweiß, des von der schrecklichsten Verzweiflung Verfolgten. Und sie werden dazu dienen, wie es geschrieben steht, um von den Sklaven von Babylon den Acker für die Fremden zu kaufen. Oh, der Acker für die Fremden! Wisst ihr, wer sie sind? Jene von Juda und Israel. Jene, die schon bald für lange Jahrhunderte kein Vaterland mehr haben werden. Und nicht einmal der Boden ihrer früheren Heimat wird sie aufnehmen wollen. Er wird sie ausspeien, selbst noch als Tote, weil sie das Leben abgelehnt haben. Unendlicher Schrecken...!"

Wisst ihr nicht, jene die ihr die heiligen Schriften jeden Tag auf und ab singt, sprecht und lest, was das bedeutet, wenn ihr Gott mit euren Goldmünzen versucht? – Ihn, den Schöpfer allen Seins zu bestechen sucht? Man kann Gott nicht kaufen! Niemand und niemals! Ihr besiegelt euer hart gewähltes Schicksal damit nur noch mehr, denn das eine hat gewissermaßen mit dem anderen rein gar nichts zu tun, es sei denn, der Mensch deutet mit seinem religiösen Wunschdenken die Geschichte um. So machen es auch Putin und seinesgleichen und ausnahmslos haben sie der Welt mehr als deutlich unter die Nase gerieben, dass man dazu keine Religion braucht. Wenn das also keine Dominanz ist, was ist es dann?

Jesus spricht zu den Landarbeitern Jochanans: „... *je menschlicher ihr behandelt werdet, desto mehr müsst ihr euch bemühen, mit freudigem Fleiß zu arbeiten, um mit eurer Arbeit jenen zu danken, die euch mit Menschlichkeit behandeln. Gewiss ist es richtig, dass die Herren die Pflicht haben, menschlich mit ihren Untergebenen zu verfahren – indem sie bedenken, dass wir alle vom gleichen Stamm sind; dass jeder Mensch nackt geboren wird und ebenso stirbt und verwest, sowohl der Arme als auch der Reiche; dass die Reichtümer nicht das Werk derjenigen sind, die sie besitzen, sondern jener, die sie ihnen mit ehrlicher oder unehrlicher Arbeit angehäuft haben; und dass man sich ihrer nicht rühmen, sondern sie ohne Aufsehen und in Gerechtigkeit für gute Werke verwenden soll, damit man ohne Strenge vom wahren Herrn, nämlich Gott, beurteilt werde, von Gott, der sich nicht mit Edelsteinen und Goldstücken bestechen lässt, sondern um unserer guten Werke willen unser Freund ist – wenn also all dies richtig ist, so haben auch die Diener die Pflicht, gut zu ihren Herren zu sein.*"

Wahrhaftig ruft ihr den religiösen Fanatismus auf den Plan, insbesondere bei dem Gegner, weil er fortwährend auf Menschen anderer Religionen abzielt, auf sie herabsieht bzw. zu unüberlegten Handlungen motiviert und schlimmstenfalls in Krieg und Gewalt ausufert. Das müssten die Juden selbst doch eigentlich am besten wissen. In unzähligen Museen und Gedenkstätten wird weltweit um Vergangenheitsbewältigung geworben, während die rechten Zionisten, der harte Kern der Juden, im Hintergrund selbst den dritten Weltkrieg provozieren. Es ist eine identitätsstiftende Gedenkkultur, in der die Opferrolle der Juden in der Tat sich derart aufbläht, dass der wahrhaftige Gott aus dem Hier und Jetzt keinen Platz mehr hat in den Herzen. Ist es das, was ihr auf Ewigkeit sein wollt? Die militärische Stärke von anno dazumal wird von den Israelis einsilbig gleichmütig nach wie vor als starker Arm Gottes interpretiert, obwohl sie offenkundig von Anfang an bröckelte und bis zum heutigen Tag in eine hitzige Verfolgungsjagd mit Blut und Tod für unzählige Unschuldige mündet. Letztere zahlen in der Mehrheit den Preis für eure leichtfertige militärische Arroganz vor dem Überfall der Hamas, deren Vorzeichen ihr nicht habt kommen sehen oder sogar von höchsten Stellen ignoriert wurden. Es hat über sechs Monate gedauert bis gerade mal ein Geheimdienstchef den Dienst quittiert hat.

Wer macht denn aus jungen Menschen global agierende Attentäter, Terroristen und Antisemiten neben den Akteuren des radikalen Islam, wenn nicht die Politik Israels selbst, indem sie im Namen des Allerhöchsten für sich allein Hoheitsrechte propagiert, um damit den Schmerz anderer Völker, die mitten unter ihnen leben, unnötig anzurühren. Bereits in Band II von *Majestätsbeleidigung* unter dem Kapitel *Vom „Denken, das sich selbst auflöst"* verweise ich explizit auf die Ausführungen des bekanntesten Psychoanalytikers Israels *Yoram Yovell* vor ein paar Jahren in der ZEIT. Seiner Ansicht nach würden Traumata wie posttraumatische Belastungsstörungen auch eine Lösung des herrschenden Palästina-Konflikts erschweren. Der Liedermacher *Wolf Biermann* bemerkte ebenso treffend vor vielen Jahren bei einer Gastvorlesung in Israel, dass die Palästinenser von ihren arabischen Brüdern selbst aus der Menschheit ausgeschlossen und vorgeschickt würden in einen tödlichen Kampf.

„Ich bin der Hirte der ganzen Welt und muss alle Schäflein aufnehmen, die zu meiner Herde gehören wollen. Ich mache keinen Unterschied zwischen gesunden und kranken, schwachen und starken Schafen; zwischen den Schafen, die mich kennen, da sie schon zur Herde Gottes gehören, und denen, die mich bisher nicht kannten und nicht einmal den wahren Gott kannten. Denn ich bin der Hirte der Menschheit und hole meine Schafe von allen Orten, wo sie sich befinden und von wo sie zu mir kommen. Sind es magere, schmutzige, gedemütigte, unwissende Schafe, die von ihren Hirten, die sie

nicht liebten, geschlagen wurden, die von ihnen verstoßen wurden, da sie sie für unrein hielten? Es gibt keine Unreinheit, die nicht beseitigt werden könnte. Und es gibt keinen unreinen Menschen, der den Willen hat sich zu reinigen und um Hilfe bittet, den man abweisen darf unter dem Vorwand, dass er unrein ist."

Die Arroganz vieler Katholiken im reichen Westen rührt daher, zu glauben, ihre Version von Religion könnte das Himmelreich pachten. Es ist die Arroganz des Kain über seinen Bruder Abel. Sie reißen das Maul auf, um mit ihren Ansichten jenseits von Gut und Böse Profil zu schlagen, haben sich aber jahrzehntelang mit ihrem lauthalsen Schweigen über das Leid der Palästinenser hinweggesetzt. Einer von ihnen ist Johannes Hartl, seines Zeichens Doktor der katholischen Theologie. Auf seinem YouTube-Kanal (www.youtube.com/watch?v=u8inKrinhPE) verweist er auf seine vielen Reisen in den Nahen Osten, um die Brücke zu schlagen zu einer unbesiegbaren Deutungshoheit. Mit dieser Rhetorik gelangt man zur unterschwelligen Kriegstreiberei á la Germany, die dem Schlaumeier das letzte Wort gibt, nach dessen Pfeife die ganze Nation zu tanzen hat. Er leitet das Existenzrecht Israels aus der Heiligen Schrift mit der angeblichen Unauflöslichkeit der Auserwählung des jüdischen Volkes her.

Das ist nun wirklich ein sehr alter Hut und wie gesagt auch etwas heikel, wenn man Gott Worte in den Mund legen möchte, die mit dem Neuen Bund und dem Neuen Testament so nicht mehr vereinbar sind. Letzteres spricht eindeutig von einem Neuen Volk Israel in einem geistigen Reich Gottes auf Erden, das ausschließlich in der Liebe seine Existenzberechtigung sieht und alle Nationen berücksichtigt. Die alleinige Erwählung des jüdischen Volkes ist mit der Ablehnung Christi vor fast 2000 Jahren verwirkt. Es gilt, was für alle Menschen und alle Völker dieser Erde bestimmt ist: Wer Christus als seinen persönlichen Retter annimmt, ist gerettet und erwählt wie beispielsweise messianische Juden oder Araber. So bemerkt Hartl noch nicht einmal, wie er den Ast absägt, auf dem er behauptet zu sitzen. Auffällig ist auch, dass es augenscheinlich niemanden in der katholischen Kirche gibt, der dagegen opponieren würde, vielleicht weil Hartl das viel geringere Übel ist.

Es zeigt, wie das Unrechtsbewusstsein der katholischen Kirche vielerorts kontinuierlich heruntergewirtschaftet wurde und nun vollends an die Wand gefahren wird. Es müsste sich doch ernsthafter irgendwer mal fragen, woran das liegt. Wenn stattdessen in Deutschland zum Abschluss der Bischofskonferenz im Februar 2024 ihre Öffentlichkeitswirkung sich dadurch zeigt, dass die Bevölkerung vor der AFD gewarnt wird, dann ist das milde gesagt sehr mager. Oder wenn Bischöfe und Kardinäle wie Marx in München an Weihnachten 2023 von der Kanzel herab einhellig einseitig den Terror des Islam verurteilen, und so tun als hätte er weiter nichts mit dem seit Jahrzehnten schwelenden Palästina-Konflikt zu tun, dann ist mir das zu einfach und nur schwer zu ertragen.

Wer darüber hinaus genauer hinsieht, wird erkennen können, dass es eine starke Verbindung gibt zwischen dem weltweiten Kindesmissbrauch in der Kirche einerseits und dem Terror der Hamas in Israel bzw. dem menschlichen Horror der Israelis in Palästina nach dem 7. Oktober 2023 andererseits. Oder die Willkür israelischer Siedler im Westjordanland und nicht zuletzt gewiss auch die Popularität der rechten Alternative in Deutschland und sonst wo in Europa. Das Wort Alternative hat sich in diesem Zusammenhang bereits derart heimlich in unseren ganz gewöhnlichen Sprachgebrauch eingeschlichen, dass einem die Versuchung des Euphemismus noch nicht einmal mehr unheimlich vorkommt, sondern entsprechend als Lebensentwurf anbiedert. Dagegen setzen sich gerade in Deutschland nun viele zur Wehr.

Gleichwohl, so trivial es klingt, so einfach ist es auch; die Lehre Christi wird sehr oft nicht beherzigt oder ist im Detail noch immer nicht bekannt, sodass manch einer vorbeugend keinen klaren und unmissverständlichen Vergleich zur Wirklichkeit und zur

Wahrheit hat. Der Euphemismus ist für die Mehrheit der Bevölkerung längst Teil des Lebens geworden. Der Sinn von „Majestätsbeleidigung" war es, sich ausführlich damit zu befassen, wie sowohl Säkulare als auch Christen sich darin übertreffen, einen faulen Zauber zu machen mit dem Leben, um sich zu arrangieren, wo das Blendwerk nun mal schon unumkehrbar eingerichtet ist. Schließlich ist man den Trugbildern gar nicht mehr abgeneigt, geschweige denn würde man sie als solche überhaupt noch wahrnehmen. Papst Franziskus spricht, um nur noch ein Beispiel anzufügen, bei der Leihmutterschaft von einem großen Übel der modernen Gesellschaft. Sich einmal nur in die Rolle der Mutter und die des Kindes hineinzuversetzen wäre es wert, bevor man allem technisch Machbarem bedenkenlos eine stumme Zustimmung gibt.

In Israel kommt zu allem Übel der vorherrschende Irrglaube hinzu, noch immer das einzig auserwählte Volk Gottes zu sein, geknüpft an das alleinige Landrecht Palästinas. Fatal diese Irrtümer! Nicht die AFD ist das Monster, vielmehr ist sie der Spiegel eurer eigenen unchristlichen Lebensweise. Der darin verborgen liegende Euphemismus an sich gibt zu verstehen, dass es eine Alternative zu Gott und Seinem Angebot der Umkehr mit den 10 Geboten gäbe. Es gibt sie, durchaus, aber wie die Geschichte der Menschheit zeigt, gereicht sie dem Menschen ganz und gar nicht zum Vorteil. Im Gegenteil, weshalb sie mitnichten eine Alternative ist, sondern eine Sackgasse, ein unabwendbarer Irrweg, der in die Verzweiflung und Hoffnungslosigkeit führt.

Altes Testament – Sprüche Salomos, *Bußpredigt der Weisheit*
1,20 Die Weisheit ruft laut auf der Straße und lässt ihre Stimme hören auf den Plätzen. 1,21 Sie ruft im lautesten Getümmel, am Eingang der Tore, sie redet ihre Worte in der Stadt: 1,22 Wie lange wollt ihr Unverständigen unverständig sein und ihr Spötter Lust zu Spötterei haben und ihr Toren die Erkenntnis hassen? 1,23 Kehret euch zu meiner Zurechtweisung! Siehe, ich will über euch strömen lassen meinen Geist und euch meine Worte kundtun.

1,24 Wenn ich aber rufe und ihr euch weigert, wenn ich meine Hand ausstrecke und niemand darauf achtet, 1,25 wenn ihr fahren lasst all meinen Rat und meine Zurechtweisung nicht wollt: 1,26 dann will ich auch lachen bei eurem Unglück und euer spotten, wenn da kommt, was ihr fürchtet; 1,27 wenn über euch kommt wie ein Sturm, was ihr fürchtet, und euer Unglück wie ein Wetter; wenn über euch Angst und Not kommt. 1,28 Dann werden sie nach mir rufen, aber ich werde nicht antworten; sie werden mich suchen und nicht finden. 1,29 Weil sie die Erkenntnis hassten und die Furcht des HERRN nicht erwählten, 1,30 meinen Rat nicht wollten und all meine Zurechtweisung verschmähten, 1,31 darum sollen sie essen von den Früchten ihres Wandels und satt werden an ihren Ratschlägen. 1,32 Denn den Unverständigen bringt ihre Abkehr den Tod, und die Toren bringt ihre Sorglosigkeit um; 1,33 wer aber mir gehorcht, wird sicher wohnen und ohne Sorge sein und kein Unglück fürchten.

„Öffnet euch der neuen Zeit und dem neuen Tempel, ihr Menschen von Samaria! In ihnen ist alles neu, und die alten materiellen, gedanklichen und geistigen Trennungen und Grenzen existieren nicht mehr. Frohlockt, denn das Exil außerhalb der Stadt Gottes nähert sich seinem Ende. Oder freut es euch etwa, für die anderen in Israel Ausgestoßene oder Aussätzige zu sein? Leidet ihr nicht darunter, euch wie aus dem Schoß Gottes Vertriebene zu fühlen? Denn dies ist es, was ihr fühlt; eure Seelen fühlen es, eure armen, in diesen euren Körpern gefangenen Seelen. Und ihr unterdrückt sie mit euren hochmütigen Gedanken, die anderen Menschen gegenüber nicht zugeben wollen: „Wir haben gefehlt. Doch wie verlorene Schafe kehren wir nun in den Schafstall zurück." Dass ihr es den anderen nicht gestehen wollt, ist schlimm. Aber sagt es wenigstens Gott. Auch wenn ihr den Schrei eurer Seele unterdrückt, hört Gott den Seufzer eurer Seele, die betrübt darüber ist, vom Haus des allerheiligsten Vaters aller Menschen ausgeschlossen zu sein.

Öffnet eure Herzen dem Licht. Füllt sie mit Licht, damit wenigstens ihr, zu denen ich, das Licht, spreche, seht. Die neue Zeit hat begonnen. Alles wird in ihr erneuert. Und wehe denen, die sich dagegen sträuben und jene behindern, die den Tempel des neuen Glaubens errichten, dessen Eckstein ich bin. Mich selbst werde ich hingeben für diesen Tempel, um seine Steine zusammenzuhalten, damit das Gebäude heilig und stark gedeihe, bewundernswert über die Jahrhunderte und groß wie die Welt, die es mit seinem Licht erleuchten wird. Ich sage Licht und nicht Schatten, denn mein Tempel wird aus Geist und nicht aus lichtlosen Steinen bestehen. Stein dieses Tempels werde ich mit meinem ewigen Geist sein, und Steine werden alle jene sein, die meine Worte und die neue Lehre befolgen. Schwerelose Steine, flammende Steine, heilige Steine. Und das Licht wird sich über die Erde verbreiten, das Licht des neuen Tempels, und Weisheit und Heiligkeit über sie ausgießen. Draußen bleiben werden nur jene, die mit unreinen Tränen der Vergangenheit nachtrauern und sie beweinen, da sie für sie die Quelle des Nutzens und rein irdischer Ehren war.

Hört die Worte es Graduale (bezieht sich auf Psalm 121 aus den Wallfahrtspsalmen, die die Pilger sangen, während sie zum Tempel in Jerusalem hinaufstiegen). Auch ihr seid Pilger, die seit Jahrhunderten auf dem Weg zur Oberen Stadt, zum wahren himmlischen Jerusalem sind. Von dort, vom Himmel sind eure Seelen herabgekommen, um ein Fleisch zu beleben, und nun sehnen sie sich danach, dorthin zurückzukehren. Warum wollt ihr eure Seelen opfern, ihnen den Eintritt in das Reich Gottes verwehren? Welche Schuld haben sie, in ein in Samaria gezeugtes Fleisch herabgekommen zu sein? Sie kommen alle von einem einzigen Vater. Sie haben alle denselben Schöpfer wie die Seelen von Judäa und Galiläa, von Phönizien und der Dekapolis. Gott ist das Ziel jeder Seele. Jede Seele strebt nach diesem Gott, auch wenn Götzendienst aller Art oder verhängnisvolle Häresien, Schismen oder Unglaube sie in Unkenntnis des wahren Gottes halten, die absolut wäre, wenn die Seele nicht den Keim einer unauslöschlichen Erinnerung an die Wahrheit und eine Sehnsucht nach ihr in sich trüge. Oh, lasst diese Erinnerung und diese Sehnsucht in euch wachsen. Öffnet die Tore eurer Seele! Lasst das Licht hinein! Lasst das Leben hinein!

Lasst die Wahrheit hinein! Öffnet den Weg! Lasst alles gleich einem leuchtenden, lebendigen Strom hereinfluten, wie die Sonnenstrahlen, die Wellen und die Winde der Tag-und-Nacht-Gleiche, damit der Keim zum Baum werde, der zu den Höhen strebt, um seinem Herrn immer näherzukommen."
... Welch ein Unterschied zu dem Nachspiel der Predigten im Tempel! Malachias sagt im Namen aller: ‚Nur du weißt so die Wahrheit zu sagen, ohne zu beleidigen oder zu beschämen! Du bist wahrhaft der heilige Gottes! Bete für unseren Frieden. Wir sind seit Jahrhunderten verhärtet in unseren Ansichten und durch jahrhundertelange Beleidigungen. Und wir müssen diese harte Schale zerbrechen. Habe Mitleid mit uns.'
„Mehr noch, ich liebe euch. Seid guten Willens, und die Schale wird von selbst zerbrechen. Das Licht möge euch erleuchten."

Bei Hartl münden Vorträge in eine stundenfüllende, rechthaberische Phantasterei des Wissens, um einen unwiderruflichen Unterhaltungseffekt zu erzielen. Sukzessiv schießt er über das Ziel hinaus, was ihn als Theologen fragwürdig macht, weil seine Vorträge eine maßlose Übertreibung dessen sind, was der Mensch aufnehmen kann oder will, es sei denn, er oder sie ist gewillt, Ablenkung zu suchen, von der Trostlosigkeit, die ihn bzw. sie umgibt. Beängstigend am Hartl-Kanal ist neben seiner augenfällig euphorischen Gemütsfassung, dass er das große Vakuum, das eigentlich der Kirche für ihre frohe Botschaft vorbehalten ist, egoistisch für sich entdeckt hat, um es mit Illusionen auszufüllen. Daher die Euphorie. Das ist leider auch das Problem bei vielen geweihten Doktoranden in der katholischen Kirche. Als ob die Gesellschaft und insbesondere die katholische Glaubensgemeinschaft nicht schon genug davon hätte, bewegt sie sich zusehends unvermittelt in einem nie endenden Teufelskreis. Es ist immer das Gleiche und konkret in diesem Fall handelt es sich um das kleine Mikrouniversum von Hartls aufgeblähtem Ego, das mit seinen Gravitationswellen anzuziehen sucht.

Jesus würde hingegen heute wie damals nicht viele Worte machen, um zum Punkt zu kommen, und Er würde bei seinen Auftritten auch keinen Wert legen auf Äußerlichkeiten. Ich lebe in einer Großstadt und wüsste keinen Mann, der freiwillig derlei schrille Sakkos oder einen knallroten Rolli anziehen wollte außer im Fasching oder in queren oder politischen Kreisen und um Aufmerksamkeit auf sich zu lenken. „Außen hui und innen pfui." Ich vermute aber, Hartl ist auf seinem Höhenflug bereits dort angekommen, wo man liturgische Gewänder initiiert. Es geht augenscheinlich auch um existenzielle Ängste seines Berufstandes, der in der Tat von der alles bedrohenden Dunkelheit, gleichermaßen ausgehend von Kirche und Gesellschaft, gefährdet ist. Wenn er sich nur nicht übernommen hat, mit der verzweifelten Aktion eines Gebetshauses in Augsburg, denn dann bewegt er sich in einem Dilemma. Die Umstände begünstigen das einfach nicht, das liegt klar auf der Hand. Frohe Botschaft geht jedenfalls anders.

Der Heilige Geist ist kein Schwätzer; man muss ihn atmen wollen, ohne viel Worte oder Aufsehen zu machen, demütig – wie eine Medizin, die von allen Übeln befreit. Die Dunkelheit aber vertreibt man nur mit einem Glauben, der einfach gestrickt ist, weil das Leben für die wenigsten aufrichtig Gestimmten ein Spaziergang ist. *„Kein Jünger ist mehr als der Meister."* Sich darüber hinwegzutäuschen, lässt Illusionen wachsen wie Pilze im nahrhaften Waldboden, gleichermaßen in der säkularen wie auch in der religiösen Gesellschaft. *Es genügt, die Wahrheit zu sagen, um gekreuzigt zu werden.* Der bequeme Weg ist immer die Popularität gewesen und das wird auch so bleiben, solange die Schlange umherschleicht. Sie findet leider wie das Wasser oder das Feuer immer einen Weg, um sich auszubreiten – bei jedem Menschen.

„Gott ist es, der die guten Wünsche erweckt. Und wenn er sie erweckt, so heißt das, dass er sie verwirklicht sehen möchte. Es ist der Geist Gottes selbst, der in unaussprechlichen Gebeten um das Aufgehen aller Menschen in der Liebe bittet; denn der

Geist Gottes will sich ausgießen und bereichern. Sich ausgießen in Liebe über eine unbegrenzte Zahl von Menschen, die kaum ausreichen, der Unendlichkeit seiner Liebe Genüge zu tun, sich bereichern mit der Liebe einer endlosen Zahl von Wesen, die sich durch die Wonne seiner Wohlgerüche zu ihm hingezogen fühlen. E s   i s t   d a h e r   n i c h t   e r l a u b t ,   i r g e n d e i n e n   M e n s c h e n   z u   v e r a c h t e n   u n d   a b z u w e i s e n ,   d e r   z u r   h e i l i g e n   H e r d e   g e h ö r e n   w i l l .

Das sage ich denen von euch, die in ihrem Herzen vielleicht die Gedanken vieler in Israel hegen; es sind Unterscheidungen und Vorurteile, die Gott nicht liebt, da sie seinem Plan, aus allen Völkern ein einziges Volk zu machen, das den Namen des von ihm gesandten Messias trägt, entgegenstehen.

... So wie ihr zu mir kommt – und das gilt für die Hebräer aus Palästina wie für die Hebräer und Proselyten der Diaspora und auch für die Heiden –, damit das Joch der Krankheit von eurem Fleisch genommen werde, so sollt ihr auch zu mir kommen, damit das Joch der Sünde oder des Heidentums von eurem Geist genommen werde. Ihr solltet alle als erstes von mir verlangen, und es mit eurem ganzen Sein wünschen, befreit zu werden von dem, was die Seelen zu Sklaven böser Kräfte macht, die sie beherrschen. I h r   s o l l t e t   a l s   e r s t e s   n a c h   d i e s e r   B e f r e i u n g   v e r l a n g e n ,   n a c h   d e m   W u n d e r   d e s   R e i c h e s   G o t t e s   i n   e u c h . Denn wenn ihr dieses Reich in euch habt, wird euch alles andere gegeben werden, und in einer Weise, die die Gabe nicht zur Strafe werden lässt im anderen Leben.

Ihr habt weder Unwetter noch Mühen noch Ausgaben gescheut, um die Gesundheit der Glieder wiederzuerlangen, obwohl euch, wenn ihr auch heute geheilt seid, doch schon eines baldigen Tages der körperliche Tod ereilen könnte. Mit demselben Mut solltet ihr allem trotzen, um das Heil der Seele, das ewige Leben und den Besitz des Reiches Gottes zu erlangen. Spott und Drohungen der Verwandten, der Mitbürger oder der Machthaber, was sind sie im Vergleich zu dem, was ihr alle besitzen werdet, woher ihr auch immer stammt, wenn ihr zur Wahrheit und zum Leben kommt? Wer würde es unterlassen, dorthin zu gehen, wo ihn ein glückliches Leben erwartet, nur um einen Tag lang an einem Fest teilzunehmen, das bei Sonnenuntergang endet? Und dennoch machen es viele so. Und um sich kurze Zeit an den schalen und nutzlosen Freuden der Welt sättigen zu können, unterlassen sie es, dorthin zu eilen, wo sie für immer wahre Speise, wahres Heil und wahre Freude finden würden, ohne befürchten zu müssen, dass der Hass der Feinde sie ihnen rauben könnte. Im Reich Gottes gibt es keinen Hass, keinen Krieg, keine Gewalt. Wer dort hineingelangt, kennt keinen Schmerz, keine Sehnsucht und keine bösen Übergriffe mehr, sondern besitzt den glückseligen Frieden, der von meinem Vater ausgeht."

Ihr rechten Zionisten wollt die biblischen Helden der Gegenwart sein? Wie könnt ihr euch da so sicher sein? Eure heiligen Stammväter drehen sich im Grab um angesichts dieser Anmaßung. Letztere reiht sich bestenfalls ein in die traurige Episode treuloser Könige aus dem biblischen Judäa, die an Zahl unüberschaubar sind und die taten, was dem Herrn missfiel, um am Ende Seinen Zorn über das ganze Volk hinwegfegen zu sehen. Fortan zeigt die Realität auf den Straßen Jerusalems den offenkundigen Widerspruch zum Wunschdenken israelischer Politik an. Letztere zeugt nicht gerade von Stärke, die Gott in der Regel seit Urzeiten den Seinen verleiht, welche Zeugnis von Ihm ablegen. Im Gegenteil: Wie weit würde die von israelischen Regierungsbeamten als Aushängeschild gepflegte Religionsfreiheit tatsächlich gehen, würden linke Zionisten, Christen und messianische Juden gemeinsam mit dem übrigen israelischen Volk ihre Freude über den Erlöser *tatkräftig* feiern wollen? So gesehen war und ist Christus noch immer Israels Staatsfeind Nummer 1. Dass religiöse Juden sich aufgrund der bitteren Erfahrungen mit dem sog. christlichen Abendland und angesichts der unorthodoxen Glaubensweise vieler Christen heute schützen wollen, ist nur berechtigt, steht aber auf einem anderen Blatt?

Altes Testament – Psalter, Drittes Buch, 89. Kapitel: *Israels Not und die Verheißung an David* 89,1 Eine Unterweisung Etans, des Esrachiters. 89,16 Wohl dem Volk, das jauchzen kann! HERR, sie werden im Licht deines Antlitzes wandeln; 89,17 sie werden über deinen Namen täglich fröhlich sein und in deiner Gerechtigkeit herrlich sein. 89,18 Denn du bist der Ruhm ihrer Stärke, und durch deine Gnade wirst du unser Haupt erhöhen. 89,19 Denn dem HERRN gehört unser Schild* und dem Heiligen in Israel unser König. *Bezeichnung des Königs.

89,20 Damals hast du geredet durch ein Gesicht zu deinem Heiligen und gesagt: Ich habe einen Helden erweckt, der helfen soll, ich habe erhöht einen Auserwählten aus dem Volk. 89,21 Ich habe gefunden meinen Knecht David, ich habe ihn gesalbt mit meinem heiligen Öl. 89,22 Meine Hand soll ihn erhalten, und mein Arm soll ihn stärken. 89,23 Die Feinde sollen ihn nicht überwältigen und die Ungerechten ihn nicht demütigen; 89,24 sondern ich will seine Widersacher vor ihm zerschlagen und, die ihn hassen, zu Boden stoßen. 89,25 Aber meine Treue und Gnade soll bei ihm sein, und sein Haupt soll erhöht sein in meinem Namen. 89,26 Seine Hand lass ich herrschen über das Meer und seine Rechte über die Ströme. 89,27 Er wird mich nennen: Du bist mein Vater, mein Gott und Hort, der mir hilft. 89,28 Und ich will ihn zum erstgeborenen Sohn machen, zum Höchsten unter den Königen auf Erden. 89,29 Ich will ihm ewiglich bewahren meine Gnade, und mein Bund soll ihm fest bleiben. 89,30 Ich will ihm ewiglich Nachkommen geben und seinen Thron erhalten, solange der Himmel währt. 89,31 Wenn aber seine Söhne mein Gesetz verlassen und in meinen Rechten nicht wandeln, 89,32 wenn sie meine Ordnungen entheiligen und meine Gebote nicht halten, 89,33 so will ich ihre Sünde mit der Rute heimsuchen und ihre Missetat mit Plagen; 89,34 aber meine Gnade will ich nicht von ihm wenden und meine Treue nicht brechen. 89,35 Ich will meinen Bund nicht entheiligen und nicht ändern, was aus meinem Munde gegangen ist. 89,36 Ich habe einmal geschworen bei meiner Heiligkeit und will David nicht belügen: «89,37 Sein Geschlecht soll ewig bestehen und sein Thron vor mir wie die Sonne, 89,38 wie der Mond, der ewiglich bleibt, und wie der treue Zeuge in den Wolken.»

89,39 Aber nun hast du verstoßen und verworfen und zürnst mit deinem Gesalbten! 89,40 Du hast zerbrochen den Bund mit deinem Knecht und seine Krone entweiht in den Staub. 89,41 Du hast eingerissen alle seine Mauern und hast zerstört seine Festungen. 89,42 Es berauben ihn alle, die vorübergehen; er ist seinen Nachbarn ein Spott geworden. 89,43 Du erhöhst die Rechte seiner Widersacher und erfreust alle seine Feinde. 89,44 Auch hast du die Kraft seines Schwerts weggenommen und lassest ihn nicht siegen im Streit. 89,45 Du hast seinem Glanz ein Ende gemacht und seinen Thron zu Boden geworfen. 89,46 Du hast die Tage seiner Jugend verkürzt und ihn bedeckt mit Schande.

89,47 HERR, wie lange willst du dich so verbergen und deinen Grimm wie Feuer brennen lassen? 89,48 Gedenke, wie kurz mein Leben ist, wie vergänglich du alle Menschen geschaffen hast! 89,49 Wo ist jemand, der da lebt und den Tod nicht sähe, der seine Seele errette aus des Todes Hand?

89,50 HERR, wo ist deine Gnade von einst, die du David geschworen hast in deiner Treue? 89,51 Gedenke, Herr, an die Schmach deiner Knechte, die ich trage in meinem Herzen von all den vielen Völkern, 89,52 mit der, HERR, deine Feinde dich schmähen, mit der sie schmähen hinter deinem Gesalbten her!

89,53 Gelobt sei der HERR ewiglich! Amen! Amen!

Hinter der Religionsfreiheit steht in Israel insbesondere die Offensive des Judentums, d. h. der Schutz vor dem gefürchteten Einfluss fremder und insbesondere christlicher Glaubensinhalte auf die Staatsideologie. Demzufolge wird ein bestimmter freiheitlicher Rahmen logischerweise nur so lange zugestanden, als er den jahrhundertealten Lügen der falschen Propheten und Hirten des rechten Zionismus nicht widerspricht oder nichts aufdecken kann, denn das würde Licht ins Dunkel bringen. Konkret könnte sich der wahre Glaubensinhalt des Christentums, der wie bereits ausführlich dargestellt sich immer noch massiv unterscheidet von der realen Umsetzung bei vielen Christen, schnell zur Staatsangelegenheit entwickeln, wo das Landrecht Israels in Palästina als Staat von Gottes Gnaden ins Wanken gerät. Darin unterscheidet sich ferner jene, die sich im Westen als einzig funktionierende Demokratie im Nahen Osten feiern lässt, nicht wesentlich von allen anderen arabischen Staaten oder Diktaturen auf diesem Globus.

„... Ich habe euch den Herrn preisen lassen, der euch durch die Heilung Gutes erwiesen hat. Aber wenn der Augenblick des Jubels vorüber ist, darf euer Dank an den Herrn nicht enden. Er soll sich äußern im guten Willen, ihn zu lieben.

Jedes noch so wunderbare Geschenk Gottes ist nichtig, wenn dem Menschen der Wille fehlt, dafür zu danken durch die Hingabe der eigenen Seele an Gott.

An diesem Ort hat auch Johannes gepredigt. Viele von euch haben ihn gewiss gehört. Viele in Israel haben ihn gehört, aber nicht in allen haben seine Worte die gleichen Wirkungen hervorgerufen, obwohl der Täufer jedem dieselben Worte gesagt hat. Weshalb also dieser Unterschied? Woher? Vom unterschiedlichen Willen der Menschen, die diese Worte gehört haben. Für manche waren sie eine wirksame Vorbereitung auf mein Kommen und folglich auf ihre Heiligkeit; aber für andere waren sie eine Vorbereitung auf ihr Wirken gegen mich und folglich auf ihre Ungerechtigkeit. Wie der Ruf einer Wache haben sie geklungen, und das Heer der Seelen hat sich geteilt, obgleich der Ruf ein einziger war. Ein Teil von ihnen hat sich gerüstet, ihrem Führer zu folgen; ein anderer Teil hat sich gewappnet und Pläne geschmiedet, um mich und meine Anhänger zu bekämpfen. Und deshalb wird Israel besiegt werden, denn ein in sich geteiltes Reich kann nicht stark sein, und die Fremden werden dies ausnützen und es unterjochen.

Ähnlich ist es bei den einzelnen Seelen. In jedem Menschen sind gute und ungute Kräfte. Die Weisheit spricht zu allen Menschen, aber wenige haben den Willen, nur einen Teil ihrer selbst herrschen zu lassen, nämlich den guten. Die Kinder dieser Welt verstehen es besser, nur den einen Teil zu wählen und ihn zum König ihres Lebens zu machen. Sie verstehen es, durch und durch böse zu sein, wenn sie sich dafür entscheiden, und werfen das Gute, das in ihnen Widerstand leisten könnte, wie ein unnützes Kleidungsstück weg. Den Menschen hingegen, die nicht nur für diese Welt leben und ein Verlangen nach dem Licht verspüren, fällt es schwer, die Kinder der Welt nachzuahmen und ihre schlechten Seiten, die auch Widerstand zu leisten versuchen, wie abgetragene Kleider abzulegen. Ich habe gesagt, wenn ein Auge zum Ärgernis wird, soll man es ausreißen, und wenn eine Hand zum Ärgernis wird, soll man sie abschlagen; denn es ist besser, verstümmelt in das ewige Leben einzugehen als mit beiden Augen und Händen in die ewige Finsternis."...

Von den fast 10 Millionen Israelis sind knapp drei Viertel Juden, davon mit 45 Prozent der über 20-jährigen religiöse oder traditionell Gläubige, 11 Prozent Orthodoxe und 44 Prozent Säkulare, gibt das Zentralamt für Statistik in Israel anlässlich des jüdischen Neujahrsfestes anno 2023 an. Vielleicht mal von messianischen Juden oder messianischen Arabern abgesehen, profitieren letztendlich insbesondere religiöse Juden von der selbstgewählten Passivität der Katholiken, und obendrein nicht viel weniger auch der hochgehaltene säkulare Nationalismus unter jüdischen Israelis mit wenig oder gar keinem Bezug zur Religion. Denn beide Parteiungen, sowohl die Säkularen als auch die Gläubigen, sind sich in der Mehrheit einig darin, wenn sie sich für Israel als Staat auf die Bibel bzw. Tora berufen, welche aber gleichermaßen mit Füßen getreten wird.

Im Patriotismus geben sich beide Parteiungen sozusagen recht freundlich die Hand und so erbittert zerstritten sie auch sein mögen, es ist ein ausgemachtes Rosinenpicken in der Heiligen Schrift. Zu Letzterem gesellt sich dann desgleichen verschwiegen die dritte Parteiung der Christen, die den jüdischen Israelis aus falsch verstandener Rücksichtnahme in der Mehrheit noch den Honig um den Bart schmieren. Um den Juden kein Dorn im Auge zu sein im Heiligen Land, machen sich Christen zum Sprachrohr für sie. Je mehr und je länger Zionisten sich aber auf jede erdenkliche Weise von Christen bevormunden lassen, desto weniger besteht die Chance, dass sie ihren Messias jemals wahrhaft kennen und lieben lernen.

Einstweilen gäbe es einen relativ unkonventionelleren Schritt der Koexistenz, der die Zusammenhänge beider religiösen Kulturen, der jüdischen und der christlichen, im Alltag wieder klarer ins Licht der Öffentlichkeit rücken könnte – würde man den entscheidenden Schritt zurück wagen, welcher die Entfremdung mit ausgelöst haben könnte. Nämlich im vierten Jahrhundert nach Christus hatte ein römischer Kaiser von Welt die vielsagende Idee, im Römischen Reich den ersten Tag der Woche der Sonne zu weihen, der für die Römer ein Gott war, einer von vielen. Demgemäß wurde aus dem Anfang der Woche der Sonntag und aus dem Sonntag auch der Ruhetag für das gesamte Römische Reich.

Dies kann aber niemals so der Wille unseres gemeinsamen und alleinigen Gottes gewesen sein, das steht doch außer Frage, denn der Gott Israels sprach: „Am siebenten Tag sollst du ruhen!" Das heißt am letzten Tag der Woche, dem Samstag. Die Juden sind vielleicht stur im Umgang mit ihren vielen unnötigen mosaischen Gesetzen, aber zumindest in diesem Punkt spricht ihre Gesetzlichkeit eine klare Sprache und formt sich zur Überlegenheit, weil Juden, im Gegensatz zu den Christen, mit dem Gebot der Sabbatruhe Gott die letzten beiden Jahrtausende unversehens die Treue gehalten haben. Die Christen ihrerseits haben diese heidnischen Gepflogenheiten unbekümmert und leichtsinnig übernommen, was ihrer Glaubensstärke alsdann wohl eine riesige Delle verpasst hat.

Sie haben dafür im Grunde an Gottes Gnade eingebüßt, selbst wenn ihr Sonntag im Zeichen der Auferstehung Jesu Christi steht, was aber aufgrund der Vorgaben des Kirchenjahres schwierig, ja sogar widersinnig ist einzuhalten. Mutmaßlich war es sogar die entscheidende Delle, die dafür gesorgt hat, dass es fortan nicht mehr bergauf, sondern bekanntermaßen nur noch im Kreis ging mit den Christen, indem sie sich nun schon seit geraumer Zeit nur noch um sich selbst drehen, so dass einem allein vom Zusehen schwindlig dabei werden kann. Wenn man hinterher bedenkt, in wie viel Kriege und sinnlose Schlachten sie sich begeben haben oder begeben mussten, ganz zu schweigen von den vielen Häresien und Blasphemien, der Spaltung der Kirche und nicht zuletzt der Gipfel aller Unverfrorenheit, die Gründung eines Kirchenstaates, da muss einem doch irgendwann mal ein Licht aufgehen. Warum legt niemand effizient seine Finger in diese Wunden der Kirche, anstatt Letztere im menschlichen Fatalismus der ewigen Nostalgie zu opfern?

Die Apostel erzählen den Jüngern die Vorgeschichte dessen, was sie sehen, und alle zusammen machen sie ihre Bemerkungen und schauen Jesus verblüfft an. Sie haben Tausende von Wundern an Menschen und Elementen gesehen. Aber dieses berührt sie mehr als alle anderen.

Jesus, der sie eingeholt hat, lächelt, als er die erstaunten und furchtsamen Gesichter bemerkt, und sagt: „Nun? Wundert ihr euch so sehr darüber, dass auf mein Wort hin ein Feigenbaum vertrocknet ist? Habt ihr mich nicht die Toten auferwecken, die Aussätzigen heilen, die Blinden sehend machen, das Brot vermehren, den Sturm beruhigen und das Feuer löschen sehen? Und ihr wundert euch, dass ein Feigenbaum vertrocknet?"

„Es ist nicht wegen des Feigenbaumes. Es ist nur, weil er gestern voller Leben war, als du ihn verflucht hast, und nun ist er verdorrt. Schau, er ist brüchig, wie trockenes Stroh. Seine Zweige haben kein Mark mehr. Schau, sie werden zu Staub", und Bartholomäus zerreibt die Zweige zwischen den Fingern, die er mit Leichtigkeit abgebrochen hat.

„Sie haben kein Mark mehr. Du hast es gesagt. Und wenn kein Mark mehr da ist, dann bedeutet das den Tod, sei es nun bei einem Gewächs, einer Nation oder einer Religion; denn dann gibt es nur noch harte Rinde und unnütze Blätter: Härte und scheinheilige Äußerlichkeit.

Das weiche innere Mark voller Lebenskraft gleicht der Heiligkeit, der Geistigkeit; die harte Rinde und das nutzlose Blattwerk ist die Menschheit ohne geistiges Leben und Gerechtigkeit. Wehe den Religionen, die weltlich werden, weil der Geist ihrer Priester und ihrer Gläubigen nicht mehr lebt. Wehe den Nationen, deren Häupter nur kalte, hochtönende Schwätzer sind ohne fruchtbare Ideen! Wehe den Menschen, denen das geistige Leben fehlt!"

„Wenn du dies den Großen von Israel sagen würdest, wärest du nicht klug, obgleich deine Worte der Wahrheit entsprechen. Lass dich nicht dadurch täuschen, dass sie dich bis jetzt haben reden lassen. Du selbst sagst ja, dass dies nicht eine Bekehrung der Herzen, sondern Berechnung ist. Also solltest auch du den Wert und die Folgen deiner Worte bedenken, denn es gibt eine Weisheit der Welt neben der Weisheit des Geistes. Und wir müssen sie zu unserem Vorteil gebrauchen, da wir noch auf der Welt und nicht im Reich des Himmels sind", sagt Iskariot zwar ohne Schärfe aber in belehrendem Ton.

„Der wahrhaft Weise ist, wer die Dinge sieht, ohne dass die Schatten der eigenen Gefühle und der Wiederschein der Berechnung sie verändern. Ich werde immer die Wahrheit sagen über das, was ich sehe."

„Aber dieser Feigenbaum ist doch tot, weil du ihn verflucht hast... oder ist es ein... Fall von... ein Zeichen... ich weiß es nicht?" fragt Philippus.

„Es ist all das, was du sagst. Aber was ich getan habe, könnt auch ihr tun, wenn ihr zum vollkommenen Glauben gelangt. Glaubt an den allerhöchsten Herrn. Wenn ihr diesen Glauben habt, wahrlich, das sag ich euch, könnt ihr dies und noch mehr tun. Wahrlich, ich sage euch, wenn einer vollkommen vertraut in die Kraft des Gebetes und in die Güte des Herrn, kann er zu diesem Berg sagen: "Hebe dich weg und stürzt dich ins Meer", und wenn er, während er dies sagt, in seinem Herzen nicht zweifelt, sondern glaubt, dass was er gebietet, möglich ist, so wird es geschehen."

„Dann hält man uns für Zauberer, und wir werden gesteinigt, wie es den Zauberern ergeht. Es wäre ein gar törichtes Wunder und zu unserem Schaden!" sagt Iskariot und schüttelt den Kopf.

„Du bist töricht, weil du das Gleichnis nicht verstehst!" entgegnet ihm der andere Judas.

Jesus spricht nicht zu Judas, sondern zu allen: „Ich sage euch, und es ist eine alte Lehre, die ich in dieser Stunde wiederhole: Was immer ihr im Gebet erbittet, glaubt, dass ihr es erhalten werdet, und ihr werdet es erhalten. Wenn ihr aber, bevor ihr betet, etwas gegen jemanden habt, so verzeiht zuerst und schließt Frieden, damit ihr den Vater zum Freund habt, der im Himmel ist und euch vieles, so vieles verzeiht und euch von Morgen bis Abend, von Sonnenaufgang bis Sonnenuntergang nur Gutes tut."

Die vernichtende Arroganz vieler der begangenen Irrtümer reicht bis in unsere Zeit mit unübersehbaren Folgen. Das geht doch nicht mit rechten Dingen zu, wenn man sich im Vergleich dazu das Evangelium von der Liebe Jesu Christi ansieht. Wie sollte ein Neuer Bund mit dem wahren Gott auch standhalten, wenn dessen Gesetz auf heidnischen Ritualen der alten Römer fußt, das ist einfach mehr als absurd und grotesk. Man muss ja nicht jeden Schwachsinn mitmachen, predigt die Kirche heute. Die Verwandlung der Urkirche ab dem vierten Jahrhundert von einer ursprünglich religiösen Institution mit authentischem Apostolat und einem Stellvertreter Christi in einen zunehmend weltlichen Herrschaftsanspruch mit Sitz in Rom war wohl auch die entscheidende Phase, in welcher christliche Gedenkkultur in organisierte Liturgie und in jenes Selbstgerechtigkeitsunterfangen münden sollte, von dem wir heute noch geplagt werden.

Der allgegenwärtige liturgische Aktionismus im Gottesdienst vermittelt unverkennbar den Eindruck, der Neue Bund des himmlischen Vater mit Seiner Schöpfung sei auf Anraten und Initiative des Menschen geboren worden. Dafür wird dann Gedenkkultur lebendig gestaltet, um sie bis in alle Generationen unterhaltsam zu zelebrieren, indem ausgehend vom lebensspendenden Pulsschlag der Liturgie, Christus künstlerisch als Gedenkfigur zum Programm beiträgt. Es wird Ihm und Gott aufwendig inszeniert gedankt, dass Er sich zur Verfügung stellt und sich für dieses Ritual geopfert hat. In diesem Punkt rituellen Vollzugs sind Christen und Juden sich ähnlicher, als beide Religionen wahrhaben wollten. Unsere Ausläufer im Christentum des ersten Jahrtausend aber sind wohlweislich das Resultat dafür, dass Christus bis in unsere Zeit am Kreuz büßen darf auf sämtlichen Altären dieser Welt für die Inkonsequenz der verweltlichten Institution Kirche. Dies verleiht der Mission Christi und Seines Auftrages aber eine gewisse Beliebigkeit, die noch nicht mal einem irdischen Gesetz anhängen würde.

Allein das Kruzifix als Gedenkkultur zu stilisieren, ohne auch nur einen Hauch von Liebe zu erahnen, ist nicht nur ein Relikt des Mittelalters und früherer Zeiten – es ist zu oft immer noch der bittere und schauderhafte Geschmack unserer Kirche, die dem alten Tempel in Jerusalem ähnelt, in dem Christus selbst bis zu Seiner Wiederkehr für die häufig mit selbstgewählter Blindheit geschlagene Kirche büßt. Das sagt schon alles über die Identitätskrise der Kirche aus; eigentlich bedarf es keiner weiteren Erklärung mehr. Der Automatismus, der allerdings vielsagend dahintersteckt, lässt obendrein erschaudern und fordert die Gerechtigkeit Gottes geradezu heraus, nicht zuletzt wegen der haarsträubenden Genügsamkeit unzähliger Hirten und Gläubige.

Ohne Zweifel hat der besagte historische Fehltritt seitens des sogenannten christlichen Abendlandes obendrein die Entfremdung von seinen jüdischen Wurzeln maßgeblich eingeläutet und den aufflammenden Antisemitismus in Europa über viele Jahrhunderte bis in unsere Zeit so extrem anheizen können. Wie aber sollte das Anbiedern der Christen an das jüdische Erbe diese lebendige Kluft und den greifbaren Antisemitismus in Europa jemals schließen können? Ein aussichtsloses Unterfangen, bei dem sich die Christen in immer größere Widersprüche begeben. Die Juden wissen das, weil sie nicht blöd sind! Soll mir an dieser Stelle keiner erzählen, es wäre in Deutschland nicht auch so.

Die Komplizenschaft hierzulande macht Juden und Israel wiederum zu einem ehrlosen Volk mit einem erbärmlichen Zeugnis. Gott selbst hat in der Vergangenheit Sein Volk wegen solcher Vergehen hart geschlagen, nachzulesen im Alten Testament, weil sie Ihn ähnlich wie auch die Christen heute ihren Messias in der Welt zum Lügner machen vor den Augen aller Un- oder Andersgläubigen und das nicht erst seit dem 7. Oktober 2023. Es ist der Versuch, Christus außer Gefecht zu setzen, wie in den Tagen nach dem Einzug Jesu in Jerusalem, als das "Hosanna" des Volkes durch den Einfluss des Synedriums in ein lautstarkes "Kreuziget ihn" umschlug.

Jesus an Lazarus gerichtet nur wenige Stunden vor dem Einzug in Jerusalem: „... Du wirst hierbleiben und warten ... weil ich nicht will, dass du verdorben wirst, wie alle Männer verdorben werden. Jerusalem wird in den kommenden Tagen verdorben sein wie die Luft in der Umgebung eines stinkenden Kadavers, der durch den unbedachten Fußtritt eines Vorübergehenden auseinanderbirst, stinkend und krankmachend. Durch seine giftigen Dünste werden auch die weniger Grausamen von Sinnen sein. Sogar meine Jünger. Sie werden fliehen ..."

Fortan nehmen gläubige Juden hierzulande nicht zufällig die Verschiebung christlicher Werte an den Rand der Gesellschaft zur Kenntnis. Als markantestes Beispiel gilt der Umzug der Zentrale der Konferenz der Europäischen Rabbiner, CER, nach München. Seit ihrer Gründung im Jahre 1953 hatte sie ihre Zentrale in London, bis der bayerische Ministerpräsident Markus Söder, ganz nebenbei ein begnadeter Anhänger des Kruzifixes von Amts wegen, die glanzvolle Idee hatte, selbige in seine Landeshauptstadt zu holen. Unterdessen nimmt man in der multipleren Gesellschaft die Relativierung christlicher Religionen mit ohrenbetäubendem Schweigen oder Genugtuung wahr, vergleichsweise ähnlich wie unzählige Muslime ihrer Überzeugung wegen sich an antisemitischen Äußerungen einer säkularen Gesellschaft ergötzen können, zumal Familien mit muslimischem

Hintergrund ihren offenkundigen Hass gegen Juden solchermaßen pflegen und von einer Generation in die nächste tragen.

Tretet heraus aus der Finsternis, die euch umgibt!

Lasst euch demgemäß warnen. Die Mordwaffen, die es gewagt hatte, Hand anzulegen an Gottes Sohn, waren der Hass und die ewige Widerspenstigkeit. Das Alte Testament gibt demgemäß an nicht wenigen Stellen Zeugnis darüber, wie der Allerhöchste den Völkern zürnt, die sich weiden und erfreuen am Schaden oder am Untergang des jüdischen Volkes, selbst wenn Gott selbst nicht selten dazu angehalten war, die Nachbarstaaten der Juden dazu aufzurufen, Sein Volk zu züchtigen und in ihre Grenzen zu weisen. Das ist das Schicksal dieses Volkes; dafür durfte es sich in der Vergangenheit aber auch Gottes eigenes Volk nennen. Dessen ungeachtet fühlt ein echter Gläubiger keinen Hass, denn er vertraut auf Gott, dass Er alles sieht und bei Zeiten auch alles richten wird.

Wie aber wird Gott mit jenen verfahren, welche die Bedeutung des Neuen Volk Israels unverkennbar zu schmälern begehen. Die Juden sind sehr schlecht beraten und wir tun ihnen keinen erkennbar hohen Gefallen damit, wenn man als bekennende Katholiken mit Mitteln aus der Staatskasse seine Unterstützung dafür hergibt, an den Gebräuchen des alten Judentums festzuhalten, wo doch die Herrschaft des Erstgeborenen des Neuen Bundes verheißungsvoll die Zukunft ausnahmslos aller Völker und Seelen einzuschließen verspricht. Umfassend wohlwollende Wiedergutmachung sieht jedenfalls anders aus. Etwa nicht aufgepasst im Religionsunterricht oder war die Qualität von Letzterem seines Namens nicht würdig? Wobei wir wieder beim Thema wären...

Nichtsdestoweniger würden in Jerusalem indes orthodoxe Juden den Wiederaufbau des alten Tempels auf dem Tempelberg planen, und zwar so real, dass bereits der Tempeldienst mit seinem Priesternachwuchs aus dem Stamm Aaron geschult und das traditionelle Opfertier, die unversehrten roten Kühe, an einem geheimen Ort in Israel aufwendig gehalten würden, berichtet im Sommer 2023 Fokus Jerusalem in einer farbenfrohen Dokumentation für den deutschen TV-Sender AnixePlus. Nicht nur in Deutschland, sondern überall auf der Welt bietet dementsprechend der rechte Rand die Alternative, niedere Instinkte wie Patriotismus und Größenwahn zu bedienen.

Unumstößlich steht augenblicklich eine große Anzahl Zionisten jeden Morgen auf, um sich im Stolz zu erheben und sich selbst zu belügen, in der Unkenntnis auch an diesem neuen Tag, den allein der Herr gemacht hat, ihre Seele um Seine Wahrheit zu bringen. Eine schreckliche Vorstellung und eine denkbar ungünstige Konstellation für den Frieden im Nahen Osten oder überall auf der Welt, für den sie aber Gott mindestens einmal am Tag in den Ohren liegen und von dem wir alle maßgeschneidert schwärmen.

Darauf hätte man schon vor Jahrzehnten kommen müssen. Nun ist es zu spät, die Fronten sind zu sehr verhärtet, als dass sie beim kleinsten Aufweichen nicht ihr Gesicht verlieren würden. Wer rührt schon gerne am eigenen Stolz, der überall auf der Welt zu einer Art Identität stilisiert wird. Dessen ungeachtet kann nichts die Liebe des Herrn trüben, was das Wirken Seines eingeborenen Sohnes Jesus Christus besiegelt. **Es ist euer eigener Stolz, der eure Liebe zum Herrn trübt**, und ehrlos ist ein jedes Volk, das seinen Kindern die tätige Liebe zum Herrn verwehrt und ihnen umgekehrt die allumfassende Liebe des barmherzigen Gottes durch Seinen Sohn vorenthält.

Jesus zu den Pharisäern, die Ihn auf die Probe stellen wollten: *„Hallen von den Lippen dieser Frau* (Sabäa von Beth Lechi) *nicht die furchtbaren Worte der Propheten wider? Erkennt ihr nicht die Klagen des Jeremias und das Weinen des Isaias und der anderen Propheten? Hört ihr nicht die Stimme Gottes durch dieses Geschöpf, die Stimme, die um Gehör bittet zu eurem eigenen Wohl? …"*

Sabäa von Beth Lechi: „... *ebenso wirst du, o heiliger Jordan, vom Zorn Gottes geschlagen, seinen Häusern und dem Altar entrissen, dem Ruin entgegen, sterbend im großen Meer des Todes, das Volk, das den Messias nicht aufnehmen wollte, dahintreiben sehen. Mein Volk, rette dich! Glaube an deinen Herrn! Folge deinem Messias! Erkenne ihn an als den, der er ist: nicht als den König der Völker und der Heere, sondern als den König der Seelen, deiner Seelen, aller Seelen. Er ist herabgestiegen, um die gerechten Seelen zu sammeln; und der wird zurückkehren und sie mit sich ins Reich der Ewigkeit führen. O ihr, denen das Schicksal des Vaterlandes am Herzen liegt, folgt dem Erlöser, damit der Same Abrahams nicht gänzlich zugrunde gehe! Flieht die falschen Propheten mit den Lügenmäulern und den räuberischen Herzen, die euch vom Heil abhalten wollen. Tretet heraus aus der Finsternis, die euch umgibt. Hört auf die Stimme Gottes! Die Großen, die ihr heute fürchtet, sind schon Staub im Ratschluss Gottes. Nur einer ist der Lebendige. Die Orte, in denen sie herrschen und von denen aus sie das Volk bedrücken, liegen schon in Trümmern. Nur einer bleibt. Jerusalem! Wo sind die stolzen Söhne Sions, deren du dich rühmst? Wo sind die Rabbis und die Priester, mit denen du dich schmückst und in denen du dich selbst bewunderst? Sieh an! Unterjocht gehen sie über die Trümmer deiner Paläste in die Verbannung, im Gestank der durch Schwert und Hunger Getöteten. Über dir ist der Zorn Gottes, o Jerusalem, dass du deinen Messias verstößt, ihm ins Gesicht schlägst und ihm das Herz durchbohrst. Alle Schönheit in dir ist zerstört. Alle Hoffnung ist für dich erstorben. Entheiligt sind Tempel und Altar ...*

... Einen anderen, ewigen Hohepriester gibt es, der heilig und von Gott eingesetzt ist: König und Priester auf ewig; eingesetzt von dem, der sich durch die Beleidigungen des Gesalbten selbst getroffen fühlt und Rache nimmt. Ein anderer Hohepriester. Der wahre und heilige, der von Gott und durch sein Opfer gesalbt ist, und er tritt an die Stelle derer, auf deren Stirn die Tiara eine Schande ist, da sie schreckliche Gedanken bedeckt ...!

Er kam, um dir den Frieden zu bringen, und du hast ihm den Krieg erklärt ... Er wollte dir das Heil bringen, und du hast ihn verhöhnt ...

Er hat dir Liebe angeboten, und du hast ihn gehasst … Er hat Wunder gewirkt, und du hast ihn einen Dämon genannt … Seine Hände haben deine Kranken geheilt, und du hast sie durchbohrt … Er hat dir das Licht gebracht, und du hast mit Speichel und Schmutz sein Angesicht bedeckt. Er hat dir das Leben gebracht, und du hast ihm den Tod gegeben. Israel, beweine deine Schuld und lästere nicht den Herrn, da du doch deinem Exil entgegengehst, das kein Ende haben wird wie das Exil früherer Zeiten. Auf der ganzen Erde wirst du umherirren, Israel, aber als ein besiegtes und verfluchtes Volk, verfolgt von der Stimme Gottes und denselben Worten, die er an Kain gerichtet hat. Und hierher wirst du erst zurückkehren können, um dir ein sicheres Nest zu bauen, wenn du mit den anderen Völkern anerkennst, dass dieser Jesus, der Gesalbte, ist, der Herr und Sohn des Herrn …

Wirf dich nieder, Volk, das du noch zu lieben weißt. Streue Asche auf dein Haupt und lege ein Bußgewand an. Der Zorn des Herrn schwebt über uns wie eine schwere Wolke voller Blitz und Hagel über einem verfluchten Feld.

Friede, Friede, o König der Gerechtigkeit und des Friedens! Friede, o großer und mächtiger Adonai, dem nicht einmal der Vater widersteht! Erlange uns den Frieden durch deinen Namen, o Jesus, Erlöser und Messias, Retter, König und Gott, du dreimal Heiliger!"

Wüste, oder: Suche nach der ganzen Wahrheit

Die Steigerung meines emotionalen Ausbrechens ereignete sich für mich nach der Volljährigkeit mit der Suche nach meinen leiblichen Eltern. In den Akten meines Pflegevaters bin ich heimlich nicht nur über ihren Verbleib fündig geworden, zumal das zuständige Jugendamt meine Pflegeeltern ständig unterrichtete, sondern auch über die Umstände: Mein angeblicher Vater war wohl wegen zweifacher Vergewaltigung für sechs Jahre inhaftiert worden. Nachdem ich tatsächlich vorstellig war bei der Schwester meiner leiblichen Mutter, die den Kontakt zu mir suchte, weil mich die psychische Verfassung meiner Mutter resultierend aus ihren Rauschmittelsüchten eher befremdete, konnte ich über einige Jahre auch meinen richtigen Großvater bis zu seinem Tod begleiten. Meine Großeltern waren nicht weniger überzeugte und praktizierende Katholiken. In Berührung zu kommen mit den eigenen Wurzeln, war ein zutiefst befriedigendes Gefühl in meiner Selbstwahrnehmung, wenngleich sie auch in Konkurrenz zu meinen Empfindungen für mein Pflegeelternhaus standen. Ich vermute hinter dieser Gegensätzlichkeit die Ernsthaftigkeit, mit welcher der Glaube von meinen Pflegeeltern begangen wurde, während sowohl meine Tante als auch meine Mutter geschieden waren und beide neue Partner hatten.

Die wenigen Berührungspunkte mit meiner leiblichen Mutter ergaben dann eine vollständige Enthüllung meiner Geburtsumstände. Sie hat ihrer gesamten Familie und dem Mann, dessen Namen ich bis heute trage, verschwiegen, dass ich das Ergebnis eines außerehelichen abendlichen Betreibens ihrerseits mit einem G. I. war, der am Fliegerhorst Landsberg stationiert war, wo sie in einer Bar arbeitete. Zu dieser Zeit betrieb mein Stiefvater, der also nicht mein Zeugungsvater war, vor seiner Inhaftierung in Kaufbeuren im Allgäu ein Bordell, natürlich offiziell als Kneipe getarnt. Nicht gerade vereinfachend, diesen Familienverhältnissen auf die Spur zu kommen, dennoch fiel mir ein großer Stein vom Herzen, weil ich den unausgesprochenen aber während meiner ganzen Kindheit im Raum liegende Vorwurf meiner Pflegemutter, ich sei wie mein krimineller Vater (insbesondere was Frauen betraf), mit großer Genugtuung bestätigend durch einen Gentest abstreifen konnte.

Die begründeten Vorbehalte gegenüber meinem Stiefvater von Seiten meiner Pflegemutter waren vielleicht auch mit der Anlass für die tieferen Beweggründe ihrer inneren Distanz mir gegenüber, denn über die Umstände dessen Inhaftierung wurden meine Pflegeeltern wohlweislich erst unterrichtet, nachdem ich bereits in der Pflegefamilie aufgenommen war. Meine leibliche Mutter hatte mich damals im zweiten Lebensjahr in ein Knabenheim der Franziskanerinnen und zur Adoption freigegeben. Übrigens zeitgleich wurde auch mein Cousin, der Sohn meiner Tante, der nur um ein paar Tage jünger war, in dasselbe Heim gegeben. Unser Schicksal und tiefgreifende Erlebnisse in dem Heim haben uns damals emotional eng zusammengeschweißt, wenngleich er wieder zurückgekehrt ist zu seiner Mutter. Seine Anwesenheit damals hat den Aufenthalt im Heim trotz aller Widrigkeiten wie ein Ferien-Camp erscheinen lassen, daran kann ich mich gut erinnern, wie auch an die ungebührlichen Züchtigungen der Ordensfrauen. Einer Horde von ungezogenen Knaben schien sie in ihren Augen wohl nicht anders Herr zu werden.

Mit der Volljährigkeit suchte ich alsdann auch meine eigenen Belange in unserer mittelständischen Pflegefamilie durchzusetzen und entschied mich, das Abitur nachzumachen, was mir gegen den Widerstand meiner Pflegeeltern auf dem zweiten Bildungsweg letztlich auch gelang. Es war der Moment, als auch meinem Pflegevater bewusst geworden war, dass ich nicht in dem mir zur Heimat gewordenen idyllischen Ort bleiben wollte. Als Jugendlicher habe ich immer davon geschwärmt, in einer großen Stadt zu leben, während mein Kindheitstraum die afrikanische Mission war. Dies kam daher, dass ein Schuldfreund meiner Pflegemutter, der im ansässigen Kloster Pater geworden war, uns Dias von seinem Verwandten in der Mission in Afrika zeigte. Mein Herz bebte förmlich damals beim Anblick dieses selbstlosen Einsatz.

Ich war immer schon gerne auf Reisen mit Freunden oder allein. Zum Beispiel machte ich während meines zweiten Bildungswegs einen mehrwöchigen Familienaufenthalt in Irland, um mein Englisch aufzubessern. Das hat unglaublichen Spaß gemacht, sich in einer fremden Sprache zu bewegen, fremde Kulturen und neue Menschen kennenzulernen; mit ihnen Gewohnheiten und Lebensphilosophie zu teilen.

Nach allem, was mich die Zeit meiner ersten Kindheitsjahre und die Depression in meiner anfänglichen Jugend gelehrt hatten, wollte ich an diesem Ort, an dem ich aufwuchs, nicht der Illusion anheimfallen, er wäre das Paradies auf Erden. Mittlerweile bin ich der festen Überzeugung, das Paradies auf Erden kann allerorts im Herzen eines erhobenen Geistes, in der Seele des Menschen erblühen, welche den Widrigkeiten der Welt trotzt, ohne die Augen davor zu verschließen. Demgemäß hatte ich das dringende Bedürfnis, das wahre Leben in der Welt zu spüren, und das konnte ich nur mit einer soliden akademischen Ausbildung, hatte ich mir eingeredet.

Nach drei Jahren mühsamen Lernens für die Hochschulreife wollte ich mich schließlich in der Ferne bei einem Sprachenaufenthalt in Frankreich intensiver auf einen noch nicht konkret gewordenen Studienwunsch vorbereiten. Insgeheim hegte ich neuerdings den Wunsch, Priester zu werden, obwohl ich ja eher ein ausgeprägt distanziertes Verhältnis zur Kirche hatte und auch die Umstände meiner Zeugung bzw. Familienverhältnisse keine gute Basis bildeten, weshalb ich letztlich auch die Finger davon ließ.

In Frankreich angekommen, um eine zweite Fremdsprache für das allgemeine Abitur zu erlernen, habe ich die neue Freiheit zunächst in Avignon mit dessen intensivem geschichtlichen Hintergrund als sehr erfrischend empfunden. Ein paar Monate später konnte ich dann meinen Sprachenaufenthalt an der Universität von Bordeaux fortsetzen. Die Lehrmethoden waren einfach klasse und die praktische Art, Französisch zu lernen von „0" an, hat mich sehr bereichert. Die Lerngruppe war international besetzt aus Nationen des ganzen Erdkreises. Neben mir saß zum Beispiel ein junger Mann aus Hiroshima, andere kamen aus Kanada, Brasilien, Russland, Korea, Spanien, Schweden oder den USA und jeder hatte die für sein Land typische Mentalität im Gepäck. Das war eine ungewöhnliche Konstellation und eine herausragende Bereicherung für unsere Gemeinschaft. Privat setzten viele von uns das gegenseitige und das Interesse an Frankreich mit Unternehmungen fort. Zur Unterstützung des Lernergebnisses bin ich in eine WG mit zwei weiteren Franzosen gezogen. Die Franzosen ihrerseits hatten mich sehr inspiriert mit ihrer auffälligen Kultiviertheit. Ihr unaufhörliches Interesse an einer geistreichen Kommunikation gepaart mit der kontroversen Art zu diskutieren hatten mich wie der Blitz getroffen.

Mit Begeisterung habe ich auch das Kulturleben der Universitätsstadt Bordeaux in Anspruch genommen, das einfach nie zur

Ruhe kommt. Beispielsweise besuchte ich nicht zuletzt der Sprache wegen regelmäßig irgendeines der vielen kleinen Straßentheater. Die Art, Theater zu machen aus der Mitte des Lebens heraus, kannte ich so nicht und war mir zutiefst sympathisch, weil damit die Seele mit kleinsten Kunstgriffen ergriffen werden kann. Nichtsdestotrotz zerbrach ich mir zwischenzeitlich den Kopf über meinen Studienwunsch, der mir nicht so recht einfallen wollte.

Zurück in Deutschland begann ich letztlich eine Fachschule für Medizinische Dokumentation in Ulm. Ein vielversprechender interdisziplinärer Studiengang, mit dem ich aber heillos gescheitert bin. Allerdings war ich in Ulm nach langer Zeit dem Gemeindegottesdienst wieder nähergekommen. Nach nicht mal 6 Monaten Vollzeitstudium habe ich hingeschmissen, um zu erkennen, dass ich nicht der Kopfmensch war, den ein umfangreiches interdisziplinäres Studium voraussetzte. Ein anderes langweiliges Studium mit nur einer Fachrichtung wie zum Beispiel Elektro war aber für mich aus Desinteresse nicht in Frage gekommen.

Regelmäßig überkam mich als Jugendlicher das Fernweh, weshalb ich mit der Volljährigkeit den Sommerurlaub gerne im Ausland verbrachte. Nach meinem gescheiterten Ausbildungsversuch konnte ich nur die Flucht ergreifen, um wieder einen klaren Kopf zu bekommen. Ich besuchte also eine Jugendfreundin aus meiner alten Nachbarschaft in New York. Sie lebte dort schon seit ein paar Jahren, weil ihre Mutter von dort stammte. Es hat sich dann auch zufällig ein attraktiver Hilfsjob in einer Agentur für internationalen Jugendaustausch in Manhattan ergeben, weshalb ich meinen Aufenthalt spontan auf ein paar Monate ausdehnte.

Die Arbeit dort hätte nicht spannender sein können. Aus der ganzen Welt bewerben sich junge Menschen, um in den U.S.A. zu arbeiten, zu hospitieren oder als Au-pair zu arbeiten. Die Teamwork im Office war offenherzig und einladend familiär.

Regelmäßig am Freitag, eine Stunde vor Betriebsschluss, verabschiedete uns der Vorstand mit Fastfood und Getränken ins Wochenende. So viel Anerkennung habe ich in Deutschland während meines ganzen Berufslebens nicht gesehen.

Der Kontakt mit den Amerikanern bei der Arbeit war sehr vielfältig und ein Erlebnis mit einer sonderbaren Sättigung an Zufriedenheit, die ich so nicht kannte. Es fühlte sich an, als wäre ich angekommen, so glücklich hatte mich dieses unerwartete Abenteuer gemacht. Vielleicht hört es sich komisch an für den ein oder anderen, aber ich meine, die Gene meines amerikanischen Vaters in mir geweckt zu haben. Jedenfalls kann ich es mir bis heute nicht anders erklären. Ich liebe das amerikanische Englisch, die Offenheit und Direktheit der Menschen und überhaupt wie man die amerikanische Seele mit Gottesbewusstsein hervorhebt. Der aktuelle Songtext *rich men north of Richmond* des Countrysängers *Oliver Anthony*, der sehr populär die USA durchquert, macht das sehr deutlich.

Wie dieses riesige Land präsentiert wird im Ausland, die große Kluft zwischen Arm und Reich, welche in vielen Städten der USA unverblümt zu Tage tritt, die teils erschreckende Willkür der amerikanischen Politik und Justiz oder die verfeindeten Volksgruppen und welche Last deswegen das einfache Volk mit Würde zu tragen hat, das steht allemal auf einem anderen Blatt. Ein nächtlicher Albtraum holte mich deshalb schweißgebadet aus meinen Illusionen: Ich fand mich auf der Straße wieder! Es hat nicht lange gedauert, dass ich meine Sachen gepackt und zurück nach Deutschland geflogen bin, wo ich zumindest auf einen anerkannten Ausbildungsberuf zurückgreifen konnte. Drei Jahre später sollte 9/11 die ganze Stadt in eine tiefe Rezession stürzen, von der sie sich nur langsam wieder erholt hat. Das Ereignis hat mich wie viele andere Menschen auf diesem Planeten sehr erschüttert. Wer das phänomenale Ausmaß der Größe der beiden Türme kannte, die auf meinem täglichen Weg zur Arbeit lagen, der konnte ahnen, was es für eine Gewaltbereitschaft bedurfte, um diese zum Einstürzen zu bringen, mit allem, was darin an Leben verborgen war.

Es ist nicht die Liebe zu mir, nicht sie allein,
die eure Seele retten wird,
sondern die Liebe zu meiner Lehre.

Zurück in der Kleinstadt nahe meiner Heimatgemeinde, gezwungenermaßen in sicherem Abstand zu meiner Pflegefamilie in einer eigenen Wohnung, war ich desillusioniert und nahm Hals über Kopf einen Job in einer Fabrik an, weil der Beruf des Elektroinstallateurs nach wie vor Befremden bei mir auslösen konnte. Eines Tages lag ein Flyer in meinem Briefkasten mit dem Aufruf, das „Ave Maria" regelmäßig zu beten. Diese Erinnerung aus meiner Kindheit nahm ich in meiner Not dankbar an. So kam es eines Abends, als ich erschöpft von der Arbeit in meinem Bett lag und eingenickt war, dass ich die Gestalt der Gottesmutter sah in einem strahlend weißen Licht. Sie war so unbeschreiblich schön, dass ich meine Hand nach ihr ausstrecken wollte. In diesem Moment war das geistige Bild weg, mir aber als unvergessliches Erlebnis in meiner Erinnerung geblieben. Das war dann auch der Anlass, dass ich den Gemeindegottesdienst in dieser kleinen Stadt wieder aufgesucht habe.

In einer kleinen Kellerkirche meiner ursprünglichen Heimatgemeinde, die nur ein paar Kilometer entfernt lag, suchte ich ansonsten immer wieder mal die Stille. Dort war auch eine alte Frau, die Kapellenaufseherin sozusagen. Sie hatte mich wohl schon öfter im Visier und da ich alte Leute mochte, weil ich den Großteil meiner Kindheit parallel zum Kinderheim die Wochenenden bei meinen Großeltern zubrachte, kamen wir schnell ins Gespräch. Jedenfalls hat mich diese Frau derart ergriffen mit ihrer authentisch liebevollen Art, dass sie mich erfolgreich eingeladen hatte, mit ihr Rosenkranz zu beten. Das kannte ich eigentlich nur von Beerdigungen und eben bei älteren Tantchen. Diese Frau aber war anders, sie war durch ihr ständiges Gebet so angefüllt mit Liebe, dass sie förmlich übersprudelte von Freundlichkeit.

Das fand ich so drollig und hatte es so sehr nötig. Ich war überaus dankbar in meiner Situation. Wir trafen uns oft, auch bei ihr zu Hause, beteten zusammen und sie zeigte mir sämtliche verschiedene Arten des Rosenkranzgebetes. Ich war so baff über die Vielfalt der Betrachtungen und den Reichtum dieses Gebetes, dass ich neuen Mut fasste. Besonders ans Herz legen möchte ich neben den Betrachtungen des klassischen Rosenkranzes auch den Barmherzigkeitsrosenkranz von Sr. Faustina aus Polen. Einmal, als ich zum Jubeljahr 2000 in Rom war und wenig Geld hatte, haben mich die unterschiedlichen Rosenkränze vor dem Schlimmsten bewahrt. Ich war einem Fahrkartenkontrolleur vor die Füße gelaufen und als er meine Fahrkarte sehen wollte, zog ich völlig ahnungslos aus jeder Hosentasche einen anderen Rosenkranz hervor, bis der Mann ungeduldig den Kopf schüttelte und mich argwöhnisch fortschickte. Nicht auszudenken wie es mir ergangen wäre, wenn er mich festgesetzt hätte, weil ich meine Strafe nicht bezahlen hätte können. Damit hätte das Abenteuer in der Fremde ein jähes Ende genommen.

Freilich war auch sie, die ältere Dame aus der Kapelle, sehr einsam und verlassen, was uns mutmaßlich zusammenbrachte. Sie erzählte mir auch von ihrem Sohn, der es wohl eher mit Buddha hatte. In der katholischen Hochburg, die mein Heimatort war, eher eine rebellische Haltung. Im weiteren Verlauf unserer besonderen Freundschaft gingen wir dann sogar regelmäßig wallfahren und sie zeigte mir darüber hinaus noch andere interessante Schriften wie uralte Gebetsbücher, das „blaue Buch" der Marianischen Priesterbewegung und nicht zuletzt das Buch „Gottmensch" von *Maria Valtorta* „über das Leben und Leiden unseres Herrn Jesus Christus".

Letzteres hat mich schließlich gänzlich ergriffen und in die Arme unseres geliebten Herrn gegeben, weil mich die Worte nicht mehr losgelassen haben, nie mehr! Ich lese darin nun schon, seit ich diesen Schutzengel getroffen habe, und bin immer noch nicht zum Abschluss gekommen, weil es so tief geht und ich sehr langsam bin im Verstehen. Ein Studium der Theologie halte ich für unbedeutend im Vergleich zu diesem Werk. Mittlerweile habe ich auch vieles schon wieder vergessen, mir aber die wichtigsten Passagen herausgeschrieben und unter anderem in diesem dreibändigen Schriftwerk verarbeitet, damit es nicht verloren geht.

Einige Jahre nach dem Jubeljahr überkam mich der Wille, meine Ausführungen bezüglich der erfahrenen Missgestalten des Glaubens dem Papst persönlich zu übergeben bei einer Audienz auf dem Petersplatz. Gesagt, getan, stieg ich mit einem Budget von ungefähr 50 € in den Zug Richtung Süden. Ich kam bis Garmisch und wähnte mich dann per Anhalter zu fahren, das ich ja schon von meinen früheren Reisen kannte. Jedoch hatte ich nie annähernd so viel Glück wie dieses Mal. In Frankreich steht man beispielsweise stundenlang. Ich musste also nicht lange warten, da hielt ein Kleinwagen mit einem sehr netten Fahrer, der mich mitnahm. Es stellte sich heraus, dass er Zeuge Jehova war. Weil ich ihm wohl leidtat, nahm er mich gleich bis nach Rom mit und lud mich außerhalb von Rom vor dem Anwesen einer Familie meines Schulfreundes ab, was das Ziel meiner Reise war, um unterzukommen.

Das Oberhaupt dieser Familie war lange Zeit Journalist im Vatikan und begleitete unter anderem Papst Johannes Paul II., um mehrere Bücher über ihn zu schreiben. Es war das erste Mal im Jahre 1986, dass ich an diesem Ort mit einem wunderschönen Garten mit Pool und einem eigenen Zugang zu einem See gemeinsam mit ein paar Freunden, darunter der Neffe der Familie, Urlaub machen konnte. Damals noch wenig interessiert an den religiösen Obliegenheiten, was nach diesen Zeilen ja auch kein Geheimnis mehr ist, war es dennoch spannend, das Umfeld des Journalisten kennenzulernen, der freilich auch routinemäßig observiert wurde vom Vatikanischen Geheimdienst. Regelmäßig konnte man Techniker an dem Telefonverteiler an der Straße beobachten, die wohl Telefonate der Villa abhörten.

Als ich nun über 15 Jahre später wieder dort eintraf, kam es mir vor wie eine Zeitreise, es hatte sich nichts verändert, alles war wunderschön geblieben; nur das Ehepaar selbst war kurz davor, zurückzukehren nach Deutschland, um dort in der Heimat seinen Lebensabend zu verbringen. Ich hatte also außerordentliches Glück, dass ich bleiben konnte, weil ich mich nicht angekündigt hatte. Eigentlich ein Unding, aber die Angelegenheit war für mich damals wie heute von ungeheurer Wichtigkeit. Endlich war es so weit, dass ich mich in die Stadt, die ich von meinem Aufenthalt im Jubeljahr bereits wie meine Westentasche kannte, hineinbewegen konnte. Mit meinem Papier unter dem Arm, am Petersplatz angekommen, traf ich anstatt in einer Audienz den Papst in seiner Limousine vor, wie er gerade auf den Weg zum Castel Gandolfo war, dem Feriendomizil der Päpste. Spontan kam mir der Gedanke, ihm meine Unterlagen auf die Motorhaube zu werfen, aber ich war nicht kühn genug und so war außer einem wunderschönen Urlaub mit erstklassiger Versorgung im besagten Domizil der Familie meines Schulfreundes nichts geworden aus meinem Ansinnen.

Zu meinem Blut müsst ihr eure Reue hinzufügen.

In der Stadt, in der ich nun lebte als ich mit dem Studium gescheitert war, traf ich wiederrum auf eine sehr nette und mütterliche Bekanntschaft, die mich irgendwann zu einem Bibelkreis mitnahm. Dieser konnte wieder mal nur Befremden auslösen bei mir, angesichts der dilettantischen und oberflächlichen Bibelzäsur. Jedoch ergab sich durch dieselbe freundschaftliche Zuwendung, dass ich nach anfänglichem Widerstand einen Pilgerbus nach Medjugorje betrat, einem bekannten Wallfahrts- und Marienerscheinungsort in Bosnien-Herzegowina. Es hieß, jeder Besucher von Medjugorje erhält ein persönliches Geschenk von der Gottesmutter. Als ich sonach den Bus betrat, der aus Richtung Würzburg kam, setzte ich mich auf einen freien Platz neben einen Jungen, der mit seiner Heimatgemeinde wallfahren ging. Wir haben uns auf Anhieb verstanden und es sollte sich herausstellen, dass wir beide amerikanische Wurzeln hatten, beide in einer Pflegefamilie aufgewachsen sind und sogar fast den gleichen Vornamen hatten. Es trafen sich also Gleichgesinnte. Oft passiert es mir aber bei solchen Freundschaften, meinen lieben Cousin aus meiner Kindheit wiederzuerkennen, nur um anschließend ernüchtert zu werden.

In Medjugorje führt ebendies kein Weg vorbei, die Gemeinschaft Cenacolo kennenzulernen, eine „private religiöse Gemeinschaft", wie sich der Vatikan auszudrücken pflegt, auf Initiative einer italienischen Ordensfrau, die gescheiterten Jugendlichen eine solide Existenzgrundlage im Leben mit dem Glauben bietet. Das Schicksal der Burschen hat mich sofort berührt, weil ich mich in ihnen wiedererkannte. Ich hatte zwar keine Berührung mit Drogen, aber dennoch war ich ein Verzweifelter wie sie und viele andere da draußen. Bis heute haben wir es gemein, dass uns der Alkohol nicht bekommt, noch nicht einmal das Rauchen oder zu viel Kaffee, denn wegen meiner Herzschwäche bedeuten Rauschmittel eher das schnelle Ende als ein dauerhaftes Vergnügen.

Wer einmal vor dem Scheiterhaufen seines Lebens gestanden hat und im Grunde seines Herzens einen Neuanfang ersehnt, für den man sogar noch um Gnade und Erlösung ringt, hat nicht mehr viele Freunde. Ich hatte wenig Erfahrung mit intensiver Gemeinschaft der Gläubigen einer Kirchengemeinde und fand sie im Gegenteil eher befremdlich, weil man darin über alles sprechen wollte, nur nicht über die höhere Liebe, die alles verändert. Hinzu kam zu meinem großen Erstaunen, dass der Begriff der Bekehrung insbesondere im Alltag der Katholiken bis heute wenig im Umlauf und doch eher gefürchtet ist als Orthodoxie, die leider auch zu gerne mit Fanatismus in Verbindung gebracht wird. Letzterer ist nun wirklich schäbig und verachtungswürdig.

Unterdessen wurde ich während einer Teilnahme bei Exerzitien in Medjugorje geradewegs mit dem Phänomen des Fanatismus konfrontiert. Natürlich ist es im Kreise von Exerzitien üblich, aus sich herauszugehen, und da ich von Natur aus ein offener Typ bin, hatte ich über die Einsicht meiner Lebensführung kein Blatt vor den Mund genommen, was zu meinem ernsthaften Erstaunen auf große Abscheu stieß, insbesondere bei mehreren Teilnehmern, die einer deutschen selbsternannten katholischen Haus- und Lebensgemeinschaft angehörten und sich den Namen Mariens auf die Brust schrieben.

Ohne die bittere und heilsame Reue
würde ich vergebens für euch gestorben sein

Früher hätte ich diese Bande mit großer Wahrscheinlichkeit als Sekte ausgemacht aber ich hatte dazugelernt und mein Urteil fiel etwas milder aus. Jedoch genau von diesen Leuten hatte ich offenkundig Ablehnung erfahren. Das war mir unbegreiflich. Wie verstockt und verblendet aber müssen diese vom Fanatismus geblendeten Herzen sein, um nicht erkennen zu können, dass wir ausnahmslos alle Sünder sind. Das ist es, was ich meine, wenn ich sage, dass ihre Erlösung trotz der Endlosschleife von Hunderttausend gefeierter Messen, Andachten und Beichten offenkundig nicht gegriffen hat. Oder vielleicht gerade deswegen? Ich wage zu behaupten, dass sie durchweg schlecht beraten sind auf ihrem religiösen Werdegang, denn Erlösung ist eigentlich nicht schwer, wenngleich es kein Spaziergang, kein Zuckerschlecken und mitunter auch ein Tauziehen ist, bei dem man besser nicht locker lässt, denn die Feinde der Seele sind stark und lauern an jeder Ecke – so auch der Fanatismus. Gerade die Deutschen hängen eben spätestens seit den Nachkriegsjahren fast schon nostalgisch an ihrem altbewährten systematischen Perfektionismus, in dem die Wiederholung nichts Neues bringt, aber die „Unschuld grassiert wie die Pest" (Erich Kästner).

Und Moses sagte: "... Nehmt ein Ysopbüschel, taucht es in das Blut und bestreicht damit die Türpfosten ..." Genügt das Blut also nicht? Nein, es genügt nicht. Zu meinem Blut müsst ihr eure Reue hinzufügen. Ohne die bittere und heilsame Reue würde ich vergebens für euch gestorben sein.

Wenn ich demnach etwas irritiert war von der offensichtlichen religiösen Abgehobenheit, habe ich mir nicht viel daraus gemacht, weil ich diese rohe Oberflächlichkeit von Seiten geheißener Katholiken ja bereits aus meiner Kindheit gewohnt war und gelernt hatte, damit umzugehen. Indem ich ihnen von vornherein aus dem Weg ging, weil ich wusste, dass kein Vertrauen zu erwarten wäre, fand ich anderweitig Gemeinschaft, meist bei „Anders- oder Ungläubigen", aber nicht unbedingt immer erbaulich für den persönlichen Fortschritt. Dann gab es aber auch die anderen, jene nennenswerten Ausnahmen, die mir wesentlich zur alltäglichen Inspiration bei der geistigen Schaffenskraft unter die Arme griffen und mich unverzichtbar ermutigten, meinen Weg zu wählen.

Da war beispielsweise eine sehr einfühlsame Nachbarin, die mich mitgenommen hat in einen Wochenendkurs für Yoga. Das erste was man dort lernt ist, in seinen Körper hinein zu spüren und ich war sehr überrascht angesichts der Wirkungen von Ruhe und Ausgeglichenheit. Es tat sich für mich als Jugendlicher eine völlig neue Welt auf, der ich doch gewohnheitsmäßig eher an Arbeit in Kombination mit Action an den Wochenenden gebunden war. Die geistigen Übungen im Anhang von Band I der Reihe „Majestätsbeleidigung" sind das Ergebnis und die Weiterentwicklung der Erfahrungen vereint mit dem Glauben.

Heute treffe ich dagegen immer wieder mal junge Menschen, die mir mit ihrer natürlichen Redlichkeit sehr imponieren können, weil sie abhängig von ihrer Herkunft Christus nie begegnet und doch durch und durch einzigartig gut erzogene Menschen sind, die noch dazu ein großes Herz haben. Diese bunten Begegnungen hinterfragen in einer diskreten Weise meinen eigenen unbegründeten Stolz und Illusionen, die ich mir selbstverliebt ein Leben lang als scheinbar bevorzugter Christ für meine eigene Rechtfertigung vor Gott und den Mitmenschen zu Recht lege.

Der Mann von Jabnia an Jesus gewandt: *„Und ich möchte auch an der Seele geheilt werden ... so wie Ermastheus. Ein Gerechter werden. Und dies kann nur der Rabbi bewirken. Ich bin nicht nur krank, sondern auch ein Sünder. Und ich will nicht am Körper gesund werden, um dann eines Tages zusammen mit meiner Seele zu sterben. Ich will leben. Ermastheus hat gesagt, dass d e r R a b b i d a s L e - b e n d e r S e e l e i s t, u n d d a s s d i e S e e l e, d i e a n i h n g l a u b t, a u f e w i g i m R e i c h G o t t e s l e b e n w i r d. ..."* Jesus gibt sich zu erkennen, heilt den Mann und ist bestürzt, dass niemand dem halbtoten Mann helfen wollte.

Auf dem Weg zurück in die Stadt trifft er Männer aus Ephraim, die bemerken: *„Schön, dieses Getreide, nicht wahr?"*

„Schön, aber nicht anders als an anderen Orten."

„Gewiss, Meister. Auch dort ist es nur Getreide und muss demnach gleich sein."

„Meint ihr? Also ist das Getreide besser als die Menschen, denn es genügt, dass es richtig gesetzt wird, damit es die gleiche Frucht hervorbringt, hier wie in Judäa oder in Galiläa oder, sagen wir, in den Ebenen, links des großen Meeres. Die Menschen bringen jedoch nicht dieselben Früchte. Und auch die Erde ist besser als die Menschen. Denn wenn der Erde ein Samenkorn anvertraut wird, ist sie gut zu ihm und kümmert sich nicht darum, ob der Same aus Samaria oder aus Judäa stammt."

„So ist es. Aber warum sagst du, dass die Erde und das Getreide besser als die Menschen sind?"

„... Denn sie haben, obwohl sie mich schon länger kennen und ich sie bearbeitet habe, nicht dieselbe Frucht gebracht wie dieser Mann, der weder Jude noch Samariter ist und mich nie zuvor gesehen oder reden gehört hat. Aber er hat die Worte eines meiner Jünger vernommen und an mich geglaubt, ohne mich zu kennen. Deshalb sind sie

schlechter als die Erdscholen, denn sie haben den Mann abgewiesen, weil er anderer Abstammung ist. Nun möchten sie kommen, um den Hunger ihrer Neugier zu stillen, sie, die nicht im Stande waren, den Hunger eines Verhungernden zu stillen. Sag diesen Leuten, dass der Meister solche nutzlose Neugier nicht befriedigen wird. Und l e r n t alle das große Gebot der Liebe, ohne die ihr niemals meine Anhänger sein könnt. Es ist nicht die Liebe zu mir, nicht sie allein, die eure Seele retten wird, sondern die Liebe zu meiner Lehre. Und meine Lehre lehrt die Nächstenliebe, ohne Unterscheidung der Rasse oder der Abstammung. Sie sollen also alle gehen, diese Hartherzigen, die mein Herz betrübt haben, und bereuen, wenn Sie wollen, dass ich sie liebe. Denn, denkt alle daran: ich bin zwar gut, aber ich bin auch gerecht; und wenn ich kein Unterschied mache und euch liebe wie die anderen in Galiläa und Judäa, dann dürft ihr nicht in törichtem Stolz glauben, dass ihr die Bevorzugten seid und die Freiheit habt, Böses zu tun, ohne meine Tadel fürchten zu müssen. Ich lobe oder tadle, wie ist die Gerechtigkeit verlangt, meine Verwandten und die Apostel genauso wie jedes andere Geschöpf. Und in meinem Tadel ist Liebe; denn ich will, dass Gerechtigkeit in den Herzen herrscht, um dann eines Tages alle belohnen zu können, die sie geübt haben, geht und berichtet. Möge diese Unterweisungen in euch allen Frucht bringen."

Betrachtet man darüber hinaus den stillen Heroismus, mit welchem besagte Mitmenschen ihren Alltag inmitten einer entfesselten Gesellschaft bestreiten, verschlägt es einem die Sprache angesichts des eigenen relativ geringen Einsatzes für ein friedvolleres Gemüt über all die Jahre hinweg. In diesen Menschen erkenne ich dankbar eine zarte Zurechtweisung und die universelle Liebe Gottes zu allen Menschen und wie Sein gnadenreicher Geist in allen Menschen weht, die eines redlichen Herzens und guten Willens sind, ungeachtet deren religiöser Herkunft oder Bildung.

Indes hoffte ich bei den besagten Exerzitien inständig auf den Herrn, zumal Medjugorje bekannt dafür ist, dass von dort viele

Bekehrungen ausgehen würden und die Mutter Jesu als Mutter und damit Mittlerin des Neuen Bundes allerorts das Vorrecht für die Vermittlung aller Gnaden innehat. Wie ich oben bereits erwähnt habe, kann dieses Geschenk der Annahme bei der Begegnung mit dem Bußsakrament (egal an welchem Ort) insofern nur nachempfinden, wer derselben Freude nachspürt, sich mit jeder Zelle seines Körpers, als Kind Gottes angenommen zu wissen.

Jesus: „In dieser besonderen Finsternis des Bösen gegenüber dem Licht, das Jesus ist, und trotz aller Anstrengungen der Finsternis, wird das Licht immer da sein, um den zu trösten, der an das Licht glaubt."

Bei der Begegnung mit der Gemeinschaft Cenacolo war mein Wunsch nach Annahme sehr viel ausgeprägter Natur und wuchs deshalb als große Sehnsucht, mich auszutauschen, so dass ich mich kurzerhand anbiederte und weil sie in Medjugorje keinen Platz für mich hatten, versuchte ich mein Glück in Frankreich. Österreich war in emotionaler Hinsicht und wegen der vielen Schulden, die ich in der Zwischenzeit in Deutschland angehäuft hatte, tabu. Wiederum in einem Pilgerbus, der auf den Weg zurück nach Frankreich war, wusste ich nicht, dass es dort zwei Häuser der Gemeinschaft gab, also landete ich in Adé, das nur wenige Kilometer vom größeren Haus in Lourdes entfernt lag.

Die Gemeinschaft dort war allerdings ein stehendes Gewässer. Sie hatte nur im Ansatz das Wesen von Cenacolo wie ich sie von Medjugorje her kannte. Es kam mir vor wie eine Zeitreise in meine Kindheit. Zum einen war da dieselbe Hilflosigkeit, die auch in meiner Pflegefamilie zeitweilig den Ton angab, und zum anderen herrschte bisweilen das Recht des Stärkeren, wie ich es von frühester Kindheit an zu spüren bekam. Insbesondere wenn die „Chefs" vom Haupthaus aus Lourdes zur „Visite" anreisten, kam man unwillkürlich in die Situation, nach der Pfeife ein paar italienischer Machos tanzen zu müssen, die auf sich allein gestellt waren.

Regelmäßig kam vom „Oberhäuptling" aus Lourdes die Ansage an meinen „Schutzengel" bzw. an die Hausleitung in Adé: „Wash his brain, wash his brain!" und äffte mich in einer unverhohlenen Gestik nach. Hinzu kam, dass ich keine Drogenprobleme hatte, womit ich nicht wirklich aufgenommen wurde in ihrer Mitte, und ständig das Gefühl hatte, man müsste mir die Welt erklären, weil ich in Wahrheit gar keine Probleme hätte bzw. ein neues war in ihrer Parallelgesellschaft. Ihre Ratlosigkeit wuchs zu einem drängenden Unwohlsein in mir heran. Mein sogenannter Schutzengel, das war die Person, die einem zugeteilt wird, um Führung in der neuen Welt der Gemeinschaft zu haben, war einfach nur überfordert mit mir und hatte keine Ambitionen, mich kennen zu lernen, ganz wie bei mir zu Hause. Ich kann mich an kein einziges freundschaftliches Gespräch mit ihm erinnern. Im Gegenteil, er ging mir sogar aus dem Weg, was auch den anderen nicht verborgen blieb, wofür ich mich noch mehr schämte, weil ich insgeheim den Fehler bei mir suchte.

Vielleicht aber lag es auch einfach nur an der Sprache, weil die meisten Jungs dort italienischer Herkunft waren und ihr Englisch als auch Französisch sehr dürftig war und ich wiederum kein italienisch spreche. Sie waren aber im Gegensatz zu mir noch ärmer dran, weil sie als Gefangene ihrer eigenen unausgegorenen Rauschmittelsucht noch dazu Gefangene einer mehr oder minder funktionierenden Zweckgemeinschaft waren.

Ich war emotional am Tiefpunkt, weil ich einen ernsthaften Umgang suchte, und wollte nur noch weg, was sich aber als äußerst schwierig erwies. Ich war gefangen, zumal sie mich noch nicht einmal gehen lassen wollten in ihrer allzu menschlichen und natürlichen Vorstellung, gescheitert zu sein. Ich fand jedoch die Gelegenheit, als ein Besuch von Eltern mit einem Ehemaligen stattfand, um mein Aufbegehren zu inszenieren. Dennoch, der Einsatz dieser jungen Männer stand in keinem Verhältnis zu meiner persönlichen Unzufriedenheit und das war mit Sicherheit auch der Werdegang in meiner Pflegefamilie.

Zum Beispiel erinnere ich mich daran, dass ein paar Jungs, wohl die Ältesten, regelmäßig am Sonntag gegen 2 Uhr in der Früh das Bett verlassen haben, nach Lourdes gefahren sind, um für die Gemeinschaft und die Anliegen der Kirche zu beten und ganz bestimmt auch für mich. Sie unternehmen alles in ihrer Kraft stehende, um die Regeln der Gemeinschaft zu befolgen, darüber hinaus meine tiefe Sehnsucht nach ihrer Freundschaft aber einfach nicht beachtet oder schlichtweg nicht bemerkt, denn unser Alltag war ein mühseliges Ringen mit uns selbst, ganz nach dem Beispiel der übrigen Welt. Sie konnten nicht geben, was sie selbst noch nicht gefunden haben: die Erfüllung, ohne Angst auf die eigene Zukunft zu blicken.

Die Welt da draußen kann ihnen, die nur selten einen Beruf erlernt haben, nichts bieten, im Gegenteil, sie sind abhängig von deren Wohltätigkeit, was im Endeffekt bedeutet, Dankbarkeit und Liebenswürdigkeiten aufzuwenden für Menschen, die man nicht wirklich kennt. Ihre Ängste sind durchaus berechtigt, denn die Welt da draußen ist eine kranke. Sie leidet am kollektiven Unschuldsfieber, einer Vorstellung von Erlösung, die mit Religion wenig zu tun hat. Die Liste ist lang: Ein Diktator holt auf Befehl ein Flugzeug vom Himmel oder inhaftiert seine Kritiker und spielt das Unschuldslamm, dass es zynischer nicht mehr geht; überhaupt scheint es für die mächtigsten Nationen dieser Erde in der Führungsriege nur noch narzisstische Einzelgänger zu geben. Oder die Hamas überfällt auf barbarische Weise Israels Bürger und die radikalen Muslime weltweit sprechen von einem heiligen Krieg; die Israelis ihrerseits legen alles in Schutt und Asche und geben die Schuld der Hamas.
Oder ein Frauenarzt beendet das Leben eines Fötus und verweist auf die Verantwortung der schwangeren Mutter, deren Gewissen sein Team aber vor dem Eingriff noch beschwichtigt;

Oder ein Gewerkschaftsvorsitzender ruft einen 6-tägigen Generalstreik aus, der die ganze Nation zum Erliegen bringt und sowohl Privatpersonen als auch die Wirtschaft materiell und in ihrem Alltag massiv beeinträchtigt, nur weil betreffende Funktionäre sich einbilden, sie müssten ihren Mitgliedern werbewirksam einen besonderen Vorzug an Arbeitsbedingungen verschaffen, von deren Genuss viele andere Berufssparten wie zum Beispiel Reinigungskräfte oder Friseusen nicht mal zu träumen wagen, die aber allesamt die Folgen des Streiks mittragen müssen – das ist verantwortungslos und wo ist das gerecht, wenn man bedenkt, dass mutwilliger Sachschaden üblicherweise keine Bagatelle ist, sondern im Strafrecht zur Anzeige und Verurteilung bis hin zur Gefängnisstrafe gebracht wird?

Oder ein Angestellter bedient sich im Warenlager seines Arbeitgebers und beruft sich auf schlechte Bezahlung; weiters täuscht ein Ehemann seiner Frau Verdauungsprobleme vor, um von seiner Alkoholsucht abzulenken; und im Straßenverkehr sind sie sowieso alle unschuldig aber führen sich auf wie die Halbaffen, wenn es nicht nach ihrem Kopf geht, es herrscht Anarchie; zu guter Letzt blinzelt ein Familienvater einer Fremden zu und reduziert die eheliche Treue auf das direkte körperliche Vergnügen: „Gegessen wird zu Hause, Appetit holt man sich woanders ...".

Wie sich das anfühlt? Das können ihnen nur die Opfer sagen, die sich aber zu oft in ihrer geistigen oder körperlichen Unterlegenheit in Schweigen hüllen und auf ihre jeweils eigene Weise der Ungerechtigkeit wiederrum unlauter ein Ventil geben.

„Ich vergleiche die Seele mit einem Stoff. Wenn die Seele eingehaucht wird, ist sie neu und ohne Risse. Die Erbsünde ist zwar vorhanden, aber sonst ist ihr Gewebe ohne Schäden, Flecken oder abgenutzte Stellen. Mit der Zeit und durch das Laster verschleißt sie dann aber manchmal so sehr, dass sie brüchig wird, durch Unachtsamkeit bekommt sie Flecken und durch die Unordnung Risse. Wenn sie nun zerrissen ist, darf man keine schlechte Flickarbeit machen, die dann wieder zu unzähligen neuen Rissen führt, sondern muss eine

geduldige, sorgfältige Arbeit leisten, um den Schaden so gut man kann, zu beheben. Und wenn der Stoff zu zerrissen ist, wenn vielleicht gar ein Stück rausgerissen ist, dann darf man nicht stolz sein und glauben, den Schaden selbst beheben zu können, sondern muss zu dem gehen, von dem man weiß, dass er die Seele wiederherstellen kann, da ihm nichts unmöglich ist und er alles kann. Ich spreche von Gott, meinem Vater, und dem Erlöser, der ich bin. Doch der Mensch ist so stolz, dass er, je größer der Schaden an seiner Seele ist, um so mehr versucht, ihn mit mangelhaftem Flickwerk auszubessern, das das Übel nur noch vergrößert. Ihr könntet mir entgegnen, dass man einen Riss immer erkennt. Auch Salome hat es gesagt. Ja, man wird immer die Wunden sehen, die eine Seele erlitten hat. Doch die Seele kämpft ihren Kampf, und demzufolge wird sie verwundet. Sie ist von so vielen Feinden umgeben. Aber niemand wird beim Anblick eines von Wunden bedecken Mannes – der Beweis für ebenso viele ruhmreiche Wunden im Kampf um den Sieg – sagen: "Dieser Mann ist unrein." im Gegenteil, man wird sagen: "Er ist ein Held! Seht nur die purpurroten Narben seiner mutigen Kämpfe." Niemals wird man sehen, dass ein Soldat sich weigert, sich behandeln zu lassen, da er sich einer ruhmvollen Verwundung schämt. Er wird vielmehr zum Arzt gehen und mit heiligem Stolz sagen: "Ich habe gekämpft und gesiegt. Ich habe mich nicht geschont. Du siehst es. Flicke mich wieder zusammen, damit ich zu neuen schlachten und siegen bereit bin." Jener hingegen, der die Wunden unreiner Krankheiten mit sich herum trägt, die unwürdige Laster hervorgerufen haben, schämt sich seiner Wunden vor den Angehörigen und den Freunden und auch vor den Ärzten, und oft ist er so töricht, dass er sie verbirgt, bis ihr Gestank ihn verrät. Dann ist es jedoch für eine Heilung zu spät. Die Demütigen sind immer aufrichtig. Sie sind auch immer tapfer und brauchen sich der Wunden, die sie im Kampf davon getragen haben, nicht zu schämen. Die Hochmütigen sind immer verlogen und feige, und durch ihren Stolz geraten sie in Todesgefahr; denn sie wollen nicht zu dem gehen, der sie heilen könnte, und ihm sagen: "Vater, ich habe gesündigt, aber wenn du willst, kannst du mich heilen." Es gibt viele Seelen, die aus Stolz, um eine erste Sünde nicht bekennen zu müssen, den Tod finden. Und dann ist es auch für sie zu spät. Sie denken nicht daran, dass die göttliche Barmherzigkeit mächtiger und größer ist als jeder Wundbrand, so stark und ausgedehnt er auch sein mag, und dass sie alles zu heilen vermag. Aber sie, die Seelen der Stolzen, wenn sie erkennen, dass sie jegliches Heil verschmäht haben, fallen der Verzweiflung anheim, denn sie sind ohne Gott. Sie sagen dann: "Es ist zu spät", und geben sich den letzten Tod: die Verdammung." ...

Als Strafe für meine fingierte "Unaufrichtigkeit" und als Entschädigung für die Verköstigungen hat die Gemeinschaft die Hälfte meines Gepäcks einbehalten. Da waren vor allem Klamotten dabei, die ich aber nicht unbedingt nötig hatte. Ich war nicht im Geringsten überrascht über diese Entwicklung und dennoch ernüchtert. Ich bin und war dennoch tief überzeugt, dass Cenacolo in anderen Häusern mehr Erfolg und christliche Gemeinschaft vorweisen kann, denn durch das ernste Gebet, verbunden mit dem aufrichtigen Gesang aus den bekehrten Herzen, ist die Gottesdienstkultur dort eine andere. Der langfristige Effekt einer funktionierenden Gemeinschaft, das intensive Zusammenleben mit Glaubensbrüdern, kann vermeintlich für das ganze Leben sehr prägend sein. Unter anderem entstehen viele gemeinsame Projekte für die Zukunft von ehemals gescheiterten Jungen und Mädchen, zum Beispiel in der Missionsarbeit, wo sie ihre Dankbarkeit gegenüber der Gemeinschaft und Gott an den nachfolgenden Generationen praktizieren. Speziell das gemeinsame Gebet ist ein Faktor, der Menschen stark zusammenführt, wenn es ehrlich vollzogen wird und das ist ein wesentlicher Aspekt, der künftige und bestehende Generationen bei der Gründung ihrer eigenen gesunden Familienatmosphäre bestärken kann, denn nicht jeder ist berufen für die Mission.

Es gab für mich im Nachhinein in Adé und Lourdes einzelne gewichtige Begebenheiten mit Menschen, auf die ich nicht hätte verzichten wollen, weil ich ihnen auf Vernunftebene begegnen konnte. Auf den Punkt gebracht, sehe ich das Versagen nicht bei den Ambitionen der Jugendlichen bzw. den Initiatoren der Gemeinschaft, sondern wiederum bei dem vielfach durch die Amtskirche vorgegebenem irreführendem Liturgieversprechen, das die Jugendlichen nicht nur während der Gemeinschaft intensiv begleitet, sondern auch für die Zeit danach und Gefahren in sich birgt bzw. berechtigte Vorbehalte auslösen können, wie ich sie bereits erläutert habe. Gerade jene und andere Menschen mit angeschlagener Persönlichkeit sind unter Umständen sehr empfänglich für die zur Abhängigkeit einladenden Reize der den Glauben zersetzenden Doktrin in der Nostalgie. Letztere bietet den großen Illusionen ein zu gemütliches Zuhause. Den Gottesdienst mit dem Rücken des Zelebranten zum Altarsakrament ist, wie mehrfach betont, darüber hinaus ein im Zeichen der Eucharistie zwielichtiges Signal an Gläubige.

Zu danken durch die Hingabe der eigenen Seele an Gott.

Unwiderstehlich verführt die Dominanz der Nostalgie im Glauben zur Bequemlichkeit des Stillstandes und damit konsequenterweise zur eingebremsten Entwicklung bis hin zum geistigen Rückschritt, was in erster Instanz nicht sichtbar wird und erst nach vielen vergeudeten Jahren mit der Ermattung des Glaubens im Automatismus zum Vorschein kommt. Cenacolo betreffend gibt es beispielsweise in Deutschland wenig Impulse für Initiativen von Seiten der Ehemaligen. Ich frage mich ernsthaft, warum das so ist, bei der Menge an jungen Leuten, die das Programm offensichtlich erfolgreich durchlaufen haben.

Dies ist ein seltsames Zeugnis angesichts des potentiell reichen Schatzes an gemeinsamen Glaubenserfahrungen und spiegelt im Kern die deutsche katholische Kirche an ihrem wundesten Punkt, nämlich dort wo sie selbst festgefahren ist. Es ist ein Teufelskreis, aus dem die Kirche weltweit kein Ausbrechen findet, solange sie ihre Botschaft nicht aufzupäppeln versteht, um ihren Schäfchen einen nachhaltigen Optimismus für die Zukunft anzubieten. Ich sehe hier ein großes Potential in der europäischen Mission und überhaupt im sogenannten Westen als Vorreiter für jene auf der ganzen Welt, eine unerschöpfliche Ressource der Zufriedenheit, in der Liebe Christi zum Vater und Seiner Schöpfung, Erlösung und Befreiung zu finden.

„... *denn obwohl ihr mich sehr liebt, ist doch eure Liebe noch nicht rein, und ihr nährt sie mit euren israelitischen Ideen, euren althergebrachten Gedanken, da ihr unheilige Wünsche hegt. So ist es bei Gamaliel wie beim Geringsten in Israel, beim Hohenpriester, beim Tetrachen, beim Bauern, beim Hirten, beim Nomaden und beim Menschen in der Diaspora. Die fixe Idee vom Messias als Eroberer. Der Albtraum jener, die fürchten, von ihm vernichtet zu werden. Die Hoffnung derer, die das Vaterland lieben mit leidenschaftlicher, menschlicher Liebe. Die Sehnsucht aller, die von anderen Mächten in anderen Ländern unterdrückt werden. Es ist nicht eure Schuld. D i e r e i n e, e u c h v o n G o t t g e g e b e n e V o r s t e l l u n g v o n d e m, w a s i c h b i n, i s t i m L a u f e d e r J a h r h u n d e r t e u n t e r s i n n v e r ä n d e r n d e m B e i w e r k v e r s c h w u n d e n. Und wenige nur verstehen es, unter Schmerzen die messianische Idee zu ihrer ursprünglichen Reinheit zurückzuführen. Und nun, da die Zeit nahe ist, dass das Zeichen gegeben wird, das Gamaliel und mit ihm ganz Israel erwartet, nun, da die Zeit meiner vollkommenen Offenbarung gekommen ist, arbeitet Satan, um eure Liebe zu schwächen und eure Gedanken zu verwirren. Seine Stunde kommt. Ich sage es euch. Und in dieser Stunde der Finsternis werden auch die, die sonst wachsam oder doch ziemlich sehend sind, vollkommen blind werden. Wenige, sehr wenige werden in den geschlagenen Menschen den Messias erkennen. Ganz wenige nur werden ihn als den wahren Messias erkennen, eben weil er so erniedrigt werden wird, wie es die Propheten geschaut haben. Ich wünsche zum Wohl meiner Freunde, dass sie mich, solange es noch Tag ist, sehen und erkennen ... damit sie mich dann auch in der Finsternis der Stunde der Welt und der Entstellung sehen und erkennen ...*"

Im nächsten Zug konnten mich diese immergleichen einschneidenden Erfahrungen und Erlebnisse nicht daran hindern, auf direktem Weg der Einladung von Papst Johannes Paul II. für das Jugendfestival zum Jubeljahr nach Rom zu folgen. Ich wollte die jüngsten Berührungen mit der Religion, aber auch jene aus meiner Kindheit und Jugend hinter mir lassen mit einer tiefen Begegnung mit dem Geist Gottes. Das hat sich dann auch so erfüllt und meine Erwartungen wurden weit übertroffen bis auf wenige Enttäuschungen. Dort im Sommer 2000 während drei Monate bin ich entschädigt worden für die vielen Entbehrungen während meines ganzen Lebens. Die außerordentliche Gemeinschaft, die Offenheit und das Erleben der jungen Kirche auf den Straßen Roms und auf dem Petersplatz waren so erfrischend und sollten mich für den Rest meines Lebens im Zeichen der Liebe Gottes prägen. Die tiefe Geborgenheit, die ich empfinde beim Gebet und im religiösen Leben, erkenne ich nun als jene, die ich in den frühen Kindheitsjahren in meinem Heimatort aufgegriffen habe.

Es waren Erlebnisse wie jene, die eingehüllt sind von der wilden und vielfältigen Natur im Allgäu. Die Zufriedenheit, die ich beispielsweise beim langen Schneefall empfand, wenn ich mich stundenlangen mit dem Schneeräumen auf dem Hof beschäftigte und der Ausnahmezustand in der Natur die Zeit schier zum Stehen brachte. Ich würde es fast als zärtliche Zuwendung beschreiben. Ich empfand sogar Behagen bei Gewitter, während meine Geschwister sich ängstigten. Die Sonnenstrahlen haben in meiner Erinnerung den Glanz von Gold in der Luft und die Wolken waren uns so nahe, wenn wir im Herbst die Drachen steigen ließen, dass man sich reinfallen lassen wollte in ein weiches Gefieder. Die Natur war und ist für mich ein einziges Schauspiel, inszeniert vom Schöpfer allen Seins für Seine Kinder. Sie zu spüren ist die Wiege für die Seele und schöner als Musik in den Ohren.

Dieses mächtige Empfinden der bedingungslosen Annahme umfasste damals mein ganzes kindliches Wesen so tiefgründig, dass ich es auf meiner langen Reise des Bewusstseins und dem Gewahrwerden meiner Seele wieder ergründen konnte in meinem Herzen. Es waren keine 40 Jahre in der Wüste, aber 20 Jahre waren es allemal und selbst die Beschreibungen einer Wüste kommen meinen Ausführungen in dieser Biographie gefährlich nahe. Womöglich hätte die Suche nach der ganzen Wahrheit nicht ganz so lange gedauert, wenn es nicht so viele Ungereimtheiten gegeben hätte in dem religiösen Leben, mit dem ich mich vertraut zu machen suchte. Bekanntermaßen ein Gewohnheitstier für die Verlockungen der Scheinwelt, hatte ich mich entgegen allen Vorsätzen Hals über Kopf von einer neuen Illusion des Glücks gefangen nehmen lassen. Nur leider nicht mit der erhofften Nachhaltigkeit, denn ich bin abermals ständig und auffällig oft über mich selbst gestolpert, mein Selbst, das immer noch riskant groß war und sehr unruhig darüber, noch immer nicht glücklich sein zu können in einer „wahren" Religion.

So lange war die innere Ruhelosigkeit mein ständiger Begleiter, bis ich es verstanden habe, mit mühsamer geistiger Arbeit das meinen Verstand umwebende Konstrukt aufzuspüren, um der ganzen Wahrheit fühlbar näher zu kommen. Dort, wo folgendermaßen das Ego durch aufgeblähte Liturgie gestärkt wird, erscheint dem Gläubigen das Vertrauen in die in den Sakramenten wohnende unbeschadete und vertrauensfördernde Liebe des Erlösers zweitrangig und Gott geht wieder mal leer aus, wenn Er dem Geist, der Seele des Menschen, im neuen und ewigen Bund auf Erden eine ewige Heimat bieten möchte. Widersinnig erscheint damit ein Ritus, der abermalig tonangebend durch das Bemühen des menschlichen, sprich vergänglichen, Intellekts am Leben gehalten wird.

Das Paradies auf Erden wollte ich demnach als eine Art Grundzufriedenheit beschreiben, die keine eitle Selbstsicherheit ist. Es passiert leider sehr oft, dass Menschen an den schönsten Orten der Erde, denen es an nichts fehlt, nicht glücklich sein können, weil sie den Himmel nicht im Herzen haben. Gott, der himmlische Vater aller Menschen, ist ein Gott der mich kennt, meine Situation inmitten der berechtigten Sorgen und Bedürfnisse vieler anderer, die Ihn ebenfalls suchen. Selbst wenn aus diesem Blickwinkel eine in unausweichlicher oder drohender Not verursachte oder aufgeblähte und scheinbare Größe des eigenen Ich verschmilzt zu einem winzigen Punkt in dieser Unmenge an Vielfalt der Menschen bzw. im Geschehen um einen herum, bei dem unter vielerlei Gestalt auch die Maskerade mit allen Mitteln verführen und den Ton angeben will, nimmt Er dennoch alles wahr und ist immer da, solange ich mich kindlich Ihm hingebe.

Das kommt der Beschreibung von Freundschaft am nächsten und wer oder was wollte das Erlebnis der Zusammenkunft zwischen Schöpfer und Gläubigen in seiner Einzigartigkeit überbieten, die in ganz konkrete Ratschläge, Liebe, Trost und Erfüllung mündet? Eine Basis für derlei Überzeugung, mit der man nicht immer nur sich selbst der Nächste ist, bildet eine lebendige Hoffnung (gerade auch für den Nächsten) aus der, natürlich verankert im eucharistischen Herzen, ferner Vertrauen erwächst. Es ist ein Hauptgebot der Liebe. Glaube, Hoffnung und Liebe. Stärker als der Glaube ist die Liebe. Sie ist die wirksamste Tugend. Sich kindlich zeigen heißt zum Beispiel, auch das private regelmäßige Schuldbekenntnis nicht zu scheuen. Das ist aber noch nicht alles und wäre als Ergebnis für eine lebenslange Reise etwas mau. Vielmehr entspringen den permanenten und vielfältigen Übungen der Demut neue mutige Schritte im Zeichen der unnachgiebigen Liebe, weil man sich als Erlöste angenommen weiß im Neuen Bund unter dem Hirten, dem Auferstandenen und damit Erstgeborenen des Neuen Volk Israels, Jesus Christus.

Hirte sein hier auf Erden heißt etwa, da zu sein für seine Herde als ihr Beschützer. Die Gnade Gottes, die man aufrichtig und sukzessive mit der ersehnten Vergebung erhält, spiegelt sich gerechterweise wider in der Liebe für die Frohe Botschaft, für die man den Geist (die Seele) zu seinem Erlöser erhebt und die hinausgetragen werden will für das Heil aller Seelen im kommenden Reich Gottes.

„... Jesus richtet eine Antwort an die Pharisäer: *„Nicht ich will, dass die, die sie gegenwärtig bekämpfen, die Wahrheit nicht sehen. Sie selbst schließen die Augen, um nicht zu sehen. Und sie sind blind aus eigenem freien Willen. Denn der Vater hat mich gesandt, damit die Scheidung stattfinde und sich zeige, wer zu den Kindern des Lichtes und wer zu den Kindern der Finsternis gehört, wer sehen will und wer blind sein will."*

„... D i e Z e i t d e s n e u e n G e s e t z e s i s t g e k o m m e n . A l l e s w i r d e r n e u e r t , u n d e i n e n e u e W e l t , e i n n e u e s V o l k u n d e i n n e u e s R e i c h e r s t e h e n . *Die Menschen aus der vergangenen Zeit kennen all dies nicht. Sie kennen nur ihre Zeit. Sie sind wie Blinde, die man in eine neue Stadt führt, in der sich der Palast des Vaters befindet, dessen Standort sie aber nicht kennen.*

Ich bin gekommen, um sie zu führen und hineinzuführen, und damit sie zu sehen. Aber i c h s e l b s t b i n d i e P f o r t e , d u r c h d i e m a n i n d a s V a t e r h a u s , i n d a s R e i c h G o t t e s , z u m L i c h t , z u m W e g , z u r W a h r h e i t u n d z u m L e b e n g e l a n g t . Ich bin auch der, der gekommen ist, die führerlose Herde zu sammeln und sie in einen einzigen Schafstall zu führen: in den des Vaters. I c h b i n d a s T o r d e s S c h a f s t a l l e s , d e n n i c h b i n z u g l e i c h d a s T o r u n d d e r H i r t e . Ich gehe ein und aus, wie und wann ich will. Ich betrete ihn frei und durch das Tor, denn ich bin der wahre Hirte. ..."

„... Ich bin der gute Hirte und meine Schafe kennen mich, und es kennen mich jene, die in Ewigkeit die Wächter des wahren Schafstalles sind. Sie haben mich kennengelernt und meinen Namen verkündet, damit er in Israel bekannt werde. ..."

„... Das Reich des Messias ist nicht von dieser Welt. E s i s t d a s R e i c h G o t t e s , d a s a u f L i e b e g e g r ü n d e t i s t , u n d n i c h t s a n d e r e s . Der Messias ist kein König der Völker und Heere,

sondern ein König der Seelen. Aus dem auserwählten Volk wird der Messias hervorgehen, aus königlichem Geschlecht, und vor allem aus Gott, der ihn gezeugt und gesandt hat. Im Volk Israel hat die Gründung des Gottesreiches begonnen, die Verkündigung des Gesetzes der Liebe und die Verkündigung der Frohen Botschaft, von der der Prophet spricht. Aber der Messias wird der König der Welt sein, der König der Könige, und seinem Reich werden zeitlich und räumlich kein Ende und keine Grenzen gesetzt sein. Öffnet die Augen und nehmt die Wahrheit an."

„... Es ist wahr, dass falsche Messiasse gekommen sind, und andere werden noch kommen. Aber der einzige und wahre Messias bin ich. Alle, die bisher gekommen sind und sich so genannt haben, waren es nicht. Sie waren lediglich Diebe und Räuber. Und das gilt nicht nur für jene, die ohne diesen Namen anzunehmen eine Anbetung verlangen, die nicht einmal dem wahren Messias zuteil wird. Wer Ohren hat zu hören, der höre. Aber nun gebt acht. Weder den falschen Messiassen noch den falschen Hirten und Meistern haben die Schafe Gehör geschenkt, denn die Seelen fühlten die Falschheit ihrer Stimmen, die sanft erscheinen wollten, in Wirklichkeit aber grausam waren. Nur die Böcke sind ihnen gefolgt, um bei ihren Schurkereien mitzuwirken. Wilde, ungezähmte Böcke, die nicht in den Schafstall Gottes, unter das Szepter des wahren Königs und Hirten kommen wollen. Denn dieser ist nunmehr in Israel. Und er, d e r K ö n i g d e r K ö n i g e , w i r d z u m H i r t e n d e r H e r d e , w ä h r e n d f r ü h e r e i n m a l e i n e r , d e r d e r H i r t e d e r H e r d e n w a r , K ö n i g w u r d e ; und der eine wie der andere entspringen einer einzigen Wurzel, der Wurzel Jesse, wie es geschrieben steht in den Verheißungen und Prophezeiungen. ..."

„... Wisst ihr, wer die Wölfe sind? Es sind die bösen Leidenschaften, die Laster, die die falschen Hirten die Herde gelehrt haben und denen sie als Erste frönen. Und wisst ihr, was ich mit den Götzenhainen meine? Es ist die Eigensucht, die allzu viele mit Weihrauch beräuchern. Die anderen beiden Dinge bedürfen der Erklärung nicht, denn sie ergibt sich klar genug aus dem schon Gesagten. Aber dass

die falschen Hirten so handeln, ist logisch. Sie sind nichts als Räuber, die kommen, um zu rauben, zu töten und zu zerstören, um die Schafe aus dem Stall auf trügerische Weiden oder in falsche Schafställe zu führen, die nichts anderes sind als Schlachthäuser. **Die dagegen, die zu mir kommen, sind in Sicherheit.** *Sie können hinausgehen auf meine Weide oder wieder hereinkommen zu meinen Ruhestätten, um sich dort durch heilige und gesunde Nahrung zu stärken. Denn dazu bin ich gekommen. Meine Schafe, die bisher mager und betrübt waren, sollen nun das Leben haben, überreiches Leben.* **Leben des Friedens und der Freude.** *Und so sehr wünsche ich dies, dass ich gekommen bin, um mein eigenes Leben hinzugeben, auf dass meine Schafe das vollkommene, überreiche Leben der Kinder Gottes haben.*

Ich bin der gute Hirte. Ein guter Hirte gibt sein Leben hin, um seine Herde gegen Wölfe und Räuber zu verteidigen, während der Mietling, der nicht die Schafe, sondern das Geld liebt, das er für seine Arbeit erhält, nur sich selbst und das Geld in seiner Tasche retten will. Wenn er den Wolf oder den Räuber sieht, flieht er und bringt sich in Sicherheit ... Was kümmert es den Mietling, wenn der Wolf die Schafe zerreißt und zerstreut oder der Räuber viele Tiere erbeutet, um sie zur Schlachtbank zu führen? Hat er etwa über sie gewacht, als sie heranwuchsen, und sich um sie bemüht, damit sie gesund und kräftig werden? Der Besitzer hingegen, der den Wert eines Schäfleins kennt und weiß, wie viele Mühen, Nachtwachen und Opfer es ihn gekostet hat, liebt seine Schafe und kümmert sich um sie, denn sie sind sein Reichtum. Aber ich bin mehr als ein Besitzer. **Ich bin der Retter meiner Herde. Ich weiß, wie viel die Rettung selbst einer einzigen Seele kostet, und bin deshalb zu allem bereit, um eine Seele zu retten. Sie ist mir von meinem Vater anvertraut worden. Alle Seelen sind mir anvertraut worden mit dem Auftrag, sie in überaus großer Zahl zu retten.** *Je mehr Seelen ich dem Tod des Geistes zu entreißen vermag, umso größer wird der Ruhm meines Vaters sein. Daher kämpfe ich, um sie von allen ihren Feinden zu befreien, d. h. von ihrem Ich, der Welt, dem Fleisch, dem Teufel und von meinen Gegnern, die sie mir streitig machen wollen, um mir weh zu tun. ..."*

„... *Ich habe noch andere Schafe, aber sie sind nicht aus diesem Schafstall. Daher erkennen sie mich nicht als das, was ich bin, und viele wissen nicht, dass ich bin und wer ich bin. Es sind Schafe, die vielen von uns schlimmer zu sein scheinen als wilde Ziegen, so dass sie nicht für würdig befunden werden, die Wahrheit kennenzulernen und das Leben und das Reich zu besitzen. Doch dem ist nicht so. Der Vater will auch diese, und daher muss ich auch zu ihnen gehen, mich ihnen zu erkennen geben, ihnen die Frohe Botschaft verkünden, sie auf meine Weiden führen und sie dort versammeln. Auch sie werden auf meine Stimme hören und sie schließlich lieben. Und e s w i r d nur eine Herde und einen Hirten geben, und das Reich Gottes wird errichtet auf Erden und bereit sein, in das Himmelreich aufgenommen zu werden unter meinem Szepter, meinem Zeichen und meinem wahren Namen.*

Mein wahrer Name! Er ist nur mir bekannt. Aber wenn die Zahl der Auserwählten voll ist und sie unter Jubelhymnen an der großen Hochzeitstafel des Bräutigams und der Braut sitzen, dann wird mein Name allen meinen Auserwählten bekannt sein, die sich in Treue zu ihm geheiligt haben, obwohl sie nicht die ganze Weite und Tiefe dessen begriffen hatten, was es heißt, mit meinem Namen bezeichnet zu sein und für ihre Liebe zu ihm belohnt zu werden, noch was ihr Lohn sein würde ... D a s will ich meinen treuen Schafen schenken: das, was meine eigene Freude ist ..."

Sicher angekommen in Rom liefen mir Schwestern vom Orden der Mutter Theresa über den Weg. Ich war überrascht, weil ich deren Wirken vom Fernsehen nur in Indien vermutete. Alsdann wurde ich eines Besseren belehrt. Die tiefe Kluft zwischen Arm und Reich geht auch in der Ewigen Stadt, die von den Römern selbst deshalb auch die Unbarmherzige genannt wird, nicht vorüber. In verschiedenen Armenhäusern sucht unter anderem dieser Orden sich der Ärmsten der Armen anzunehmen. Keine einfache Herausforderung, denn die Armen und Obdachlosen bedürfen zum Teil nicht nur Brot und Kleidung, sondern auch aufwendiger medizinischer Betreuung. Zum Beispiel habe ich einen Mann getroffen, der einen künstlichen Darmausgang hatte, der regelmäßig erneuert werden muss, damit keine Infektion entsteht. Ganz zu schweigen von den anderen vielen offenen Wunden an den Gliedmaßen unzähliger Wohnungsloser.

Nach meiner Bekanntschaft mit dem Männerorden des Ordens der Mutter Theresa lud dieser mich hernach für den Herbst nach Albanien für eine ehrenamtliche Arbeit an der Elektrizität an eines ihrer Häuser ein, der ich mit großem Interesse gefolgt bin. Die Begegnungen mit den Menschen am Rande Europas haben mich aufgerüttelt. Noch nie hatte ich so freundliche und euphorische Mienen erlebt wie in diesem ehemals ärmsten Land Europas. Auch in religiöser Hinsicht war beispielsweise der zwanglose Umgang mit den Sakramenten oder der heiligen Messe gerade unter sehr jungen Menschen eine ganz neue Erfahrung. Dazu muss man sagen, dass Albanien seine katholischen Wurzeln unter widrigsten Umständen während der Jahrzehnte andauernden Herrschaft eines kommunistischen Regimes im Untergrund verteidigt hatte und die Öffnung für Religionsfreiheit erst wieder zum Ende des zweiten Jahrtausends mit dem Ende seines kommunistischen Systems erfolgen konnte.

An einem Samstag dann hatte mich ein sehr alter Priester, der zu Zeiten des Kommunismus für ca. 25 Jahre Zwangsarbeit leisten musste, zu einem Ausflug in die Berge Albaniens eingeladen. Er fuhr da mit einem alten Geländewagen zu einem hochgelegenen Ort regelmäßig für die Zelebrierung der Heiligen Messe hin. Die Überraschung war groß, als ich dort zwei Ordensschwestern aus meiner Heimat antraf, die uns noch dazu eine Weißwurstbrotzeit auftischten. Die beiden Schwestern hatten sich von ihrem Orden gelöst, um dort in den Bergen Albaniens auf eigene Initiative ein Kinderheim zu errichten, damit die unehelichen Kinder vor dem sicheren Tod bewahrt würden. Bei den Muslimen war und ist es mancherorts üblich, diese Kinder nach der Geburt wie ein Stück unwertes Leben zu töten. In der heutigen Zeit stehen wohl auch dort modernere Mittel zur Verfügung, indem junge Mütter wie überall auf der Welt zu der grausamen Tat der Abtreibung herangezogen werden.

Mach dich auf den Weg

Zum Ende des Jubeljahres, nach vielen Monaten im europäischen Ausland, ließ ich mich in der bayerischen Landeshauptstadt nieder. Genauer gesagt habe ich wieder ganz von vorn angefangen, im wahrsten Sinne des Wortes. Es versinnbildlichte buchstäblich meine ganze Situation, dass ich für ein paar Tage in einer Obdachlosenunterkunft der Mutter Theresa nächtigte. Die prekären Umstände meiner Odyssee habe ich nicht als solche empfunden, zumal ich nie Hunger verspüren musste und immer ein Dach über dem Kopf hatte, selbst wenn es einmal das Sternendach des Himmels sein sollte, als ich nicht so schnell wie erhofft vorankam auf meiner Route vom französischen Adé nach Rom. Jedoch war mir zu dieser Zeit nichts unheimlicher und mehr zuwider geworden als die geistige Obdachlosigkeit vor dem himmlischen Vaterhaus, die mich zu meinem Entsetzen dennoch täglich umwarb, nicht nur in der säkularen Gesellschaft.

So auch bei den nächsten Stationen in München, die ebendies in ihrem spirituellen Erfahrungsgehalt sehr schmerzhaft waren, gleichwohl hier aus Gründen des Datenschutzes nicht näher benannt werden können. Nur so viel möchte ich sagen, dass im Speziellen eine katholische Jugendeinrichtung rechtlich alles dafür aufbieten würde, um meine Erfahrungswerte zu widerlegen und zu relativieren, damit weiterhin im großen Stil systematisch und unbehelligt finanzielle Vorteile abgeschöpft werden können. Die Erfahrung lehrte mich, dass die Seelsorge sogar in einem Orden reine Privatangelegenheit sein kann, mit einer Art privilegiertem Vorrecht zur Wahrung erhabenster Persönlichkeitsrechte, um es mal so auszudrücken. Für das Klientel des Ordens, wie die zu betreuenden Jugendlichen, kann solches Gebaren nur als höchste Geheimhaltungsstufe definiert werden, ohne auch nur im Geringsten einen ersichtlichen Grund dafür zu erkennen, außer jenem, es nicht wert zu sein, ein Geheimnis lüften zu dürfen.

Ziemlich absurd also, um es mit einem Wort zu sagen, und dennoch prägend für ein ganzes unschuldiges Leben lang, gänzlich auf Kosten der Liebe Gottes zu Seinen ärmsten Kindern und Seinen Geboten. Ausnahmen bestätigen wie immer die Regel und ja es gab sie auch dort, die mit viel Liebe und Engagement sich ein Herz genommen haben für die Situation der Jugend, allerdings kamen solche Patres oder angehende Patres dann aus dem Ausland und waren nur für kurze Zeit zu Gast, etwa für ein praktisches Jahr im Noviziat. Ihr Eifer war heroisch, weil sie die Lektionen aus dem Lehrbuch des Ordensgründers praktikabel anzuwenden wussten und ihre eigene Überzeugung einbrachten, um sich in der Masse der Resignierten auch durchsetzen zu können. Sie sind ein Beispiel dafür, wie leicht die Jugend für die Frohe Botschaft gewonnen werden kann, wenn nur der Wille dafür da ist. Der Ordensgründer würde sich wohl im Grab umdrehen angesichts der verspielten Chancen wegen der zur Intelligenz pervertierten Ignoranz und Arroganz in seinem Orden. Sie unterscheiden sich ansonsten im Alltag in nichts von sozialen Einrichtungen in der säkularen Welt, welche sich den Begriff der Menschlichkeit auf den Hut schreiben, um damit für den zu steigernden Umsatz hausieren gehen zu können.

Gedanken Jesu über die Auferweckung des Lazarus an Maria Valtorta gerichtet: „... Nein, alles kann man ändern, wenn man nur will. Und ich habe in der Tat aus Kleinmütigen, Zornmütigen, Wucherern, Lasterhaften und Ungläubigen Märtyrer und Heilige, Verkünder des Evangeliums, gemacht. Nur wer nicht will, ändert sich nicht. Ich habe geliebt und liebe immer noch die Kleinen und die Schwachen – du bist ein Beispiel dafür – vorausgesetzt, dass sie den Willen haben, mich zu lieben und mir zu folgen. Aus diesem ‚Nichts' mache ich meine Bevorzugten, meine Freunde und meine Vertreter. Immer noch bediene ich mich ihrer, und es ist ein fortwährendes Wunder, das ich wirke, um dadurch die anderen dazu zu bringen, an mich zu glauben und die Möglichkeit des Wunders nicht auszuschließen. Wie wird doch heute diese Möglichkeit so wenig in Betracht gezogen! Gleich der Lampe, der es an Öl fehlt, wird sie schwach und erlischt, da der Glaube an den Gott des Wunders schwach oder gar nicht vorhanden ist."

Währenddessen ziehen sich der Mangel und das einem ins Gesicht springende unterentwickelte Unrechtsbewusstsein wie ein roter Faden durch die gesamte Kirchenlandschaft, wie meinen Erfahrungen abzulesen ist. Die ursächlichen Abgründe aber werden, wenn überhaupt, nur mit einer Augenbinde und mit Ohrenstopfern zu ergründen gesucht. Ich möchte wirklich wissen, auf was Kardinal Marx so stolz ist, wenn er in einem Interview mit der *tz* anlässlich der Feierlichkeiten zum bevorstehenden 1300-jährigen Korbiniansjubiläum in Freising und seines eigenen Geburtstages angibt, die nachfolgenden Generationen müssten mit Achtung auf die begangene Aufklärungsarbeit der Diözese blicken. Augenfällig ist doch, dass er vornehmlich nur von der Öffentlichkeitsarbeit spricht, denn in der Seelsorge ist nichts zu spüren von Erneuerung.

Der Heilige Geist hat mir persönlich nebst immerfort die Augen für das Gute und den Nutzen der Kirche geöffnet. Während meiner Episode als Fabrikarbeiter in der Nachbarstadt meines Heimatortes lernte ich bei der Teilnahme am Gemeindegottesdienst einen Missionar kennen, der dort in seiner Heimat seinen Bruder beerdigt hatte. Es sollte sich eine wundersam väterliche Freundschaft über viele Jahre ergeben mit vielen Begegnungen und Besuchen. Eine davon sogar im fernen Afrika. Ein solcher Einblick ist für einen skeptischen Christen, wie ich es war, nur selten möglich. Vor allem in seinem unkonventionellen heiteren Auftreten sah ich eine Gesinnung in dem Ordensmann, die mich sofort ansprach. Die Missionsarbeit in Afrika war von denselben Merkmalen gezeichnet. Die offene Art, mit jungen Menschen über ihre individuelle Berufung zu sprechen, hat mich sehr entzückt. Er war maßgeblich daran beteiligt jungen Menschen querbeet aus dem Lande den Weg ins Seminar oder in einen ansässigen Orden zu bereiten, egal welcher Herkunft sie entsprangen. Die Mittel dafür kamen aus Deutschland und entsprangen seinem treuen persönlichen Spenderkreis.

Bereits während ihrer Reifezeit im Gymnasium war der Missionspater denen im Lande weitverstreuten afrikanischen Kindern und Jugendlichen eine wertvolle spirituelle Stütze und hat sie ausdauernd begleitet, indem er ihnen regelmäßig „Vocation Letters" zukommen ließ, welches der Arbeit eines echten Meisters an dürstenden Seelen entsprach. Er war ein reiner Freund der Seelen, aller Seelen; und die Seelen ihrerseits erkannten in ihm Christus. Das lag vermutlich daran, dass er ein treuer Mann Gottes war mit einer Güte im Herzen, wie ich sie selten erleben durfte. Ich erinnere mich an eine Messe, die wir im Busch gehalten haben unter den Einwohnern eines Slums, die ihn gut gekannt haben. Sie hatten eine kleine Glocke improvisiert, mit der sie den spontanen Gottesdienst organisierten. Alle, die kamen, waren sichtlich ergriffen von der kleinen Eucharistiefeier, bei der nicht die Liturgie im Vordergrund stand, sondern der Leib Christi als reinigende Wegzehrung für die Seelen der Menschen.

Vorausgesetzt, dass sie den Willen haben,
mich zu lieben und mir zu folgen.

Seit ich nach dem Jubeljahr in München angekommen war, hatte der Gottesdienst in verschiedenen Pfarrgemeinden und im Zentrum der Stadt bei mir abermals nur Befremden auslösen können. Die Oberflächlichkeit innerhalb der Kirchenbänke und der unverblümte Personenkult war eine maßlose Steigerung dessen, was ich von meiner Kindheit her aus dem Allgäu kannte. Warum aber war der Unterschied so tiefgreifend, dass sich das frisch Erlebte mir immerzu als Vergleich anbiederte und warum empfanden nicht andere Menschen diese Diskrepanzen ebenso, wie ich sie ungetrübt wahrzunehmen gewohnt war. War es mit meinen „Glaubensbrüdern" bereits so weit gekommen, dass sie derart gefangen waren, um im Fachdeutsch zu sagen: betriebsblind in der Glaubenspraxis? Mir offenbarte sich dieser Gedanke, als ich die Stadtpfarrkirche zum „Alten Peter" in München kennenlernte.

Die städtische Oberflächlichkeit lauert zwar längst auch dort an jeder Ecke, aber es ging eine Ernsthaftigkeit vom Gottesdienst aus, mit der ich mich durchaus arrangieren konnte und wollte, zumindest damals vor 20 Jahren. Mittlerweile weht dort aber der gleiche Wind reiner Äußerlichkeit. An Lichtmess 2024 zum Beispiel wäre auch ein Herz-Jesu-Freitag gewesen, wie an jedem ersten Freitag im Monat. Die liturgische Ordnung sieht jedoch eine solche Überschneidung nicht vor, sondern man entscheidet sich für das eine, was bedeutet, dass die Aussetzung des Altarsakraments bzw. die Vorbereitung durch die Beichte zu Beginn eines Herz-Jesu-Amtes ausfallen müssen. Was ist das für ein Zeichen, das hier ausgerechnet an einem katholischen Hochfest zu Ehren der Mutter Jesu gesetzt wird? Man verzichtet auf das, was der Mutter Gottes neben dem Evangelium das Liebste ist, nämlich das Bußsakrament und die Verehrung des Altarsakraments, um es für ein liturgisches Spektakel zu ihren Ehren zu opfern. Das ist einfach nur absurd und ohne jeden Verstand.

Über die Hintergründe der ehemals gesteigerten Authentizität vor Ort bin ich mir ursprünglich einigermaßen klar geworden, als ich die auffälligsten Parallelen aus meiner Heimatpfarrei heranzog, nämlich die Zelebration hin zum Altarsakrament und den Empfang der Mundkommunion.

Bei der Vorbereitung zu meiner ersten heiligen Kommunion hat man uns Kindern beigebracht, mit der Hand zu kommunizieren. Ich kann nicht sagen, warum ich das nicht getan habe. Wie gesagt, ich war nie die hellste Kerze auf der Torte und bin es wahrscheinlich noch immer nicht. Erkennbar kam es so, dass ich wohl wieder mal nicht richtig zugehört habe bei den Unterweisungen und ich einfach nur meinen Schnabel geöffnet habe bei der Erstkommunion wie ein kleiner Vogel, der gefüttert werden will. Mir ist nicht mal aufgefallen, dass ich es anders gemacht habe. Erst als meine Altersgenossen mich darauf hingewiesen haben, dass ich aus der Reihe getanzt war, habe ich mich schon darüber gewundert, warum man überhaupt die Hand dafür hernehmen muss.

Der Gottesdienst aus meiner Kindheit, so langweilig und unnütz er mir in Erinnerung war, hatte also doch Spuren hinterlassen, denn sonst hätte ich keinen Vergleich gehabt in der Ausübung der „wahren" Religion. Das anhaltende Unschuldsfieber und das Gebrüll mancherorts in den Kirchen, das sich bei näherem Betrachten als Gesang entpuppt, führe ich förderhin auf eine Unachtsamkeit zurück, welche bei der Formulierung bzw. Veränderung der Liturgie in den letzten Jahrzehnten auf ein mangelndes Verständnis für Eucharistie zurückzuführen ist, wie ich es oben bereits eingehend erläutert habe. Die beständige Herzensumkehr ist abhandengekommen und zeigt sich nur spärlich, was auch die mangelnde Überzeugung im Einsatz für die Lehre Christi erklärt. Nicht zuletzt um dieser selbstgewählten Volksfeststimmung in den Kirchenbänken entfliehen zu können, hatte ich mich allfällig als Erwachsener für einige Jahre als Messdiener nützlich gemacht. In der Stadt geht sowas, dort ist das kein Ausnahmefall. So nah am Altar und am Sakrament, das ist schon was Besonderes und kann sehr tief berühren.

Nebenbei hatte ich mir vorgestellt, dass Ministranten auch eine Art Glaubenskatechese erhalten, aber weit gefehlt. Selbst der Dom hatte so etwas nicht anzubieten. Es gibt natürlich Probestunde, in denen für besondere Hochfeste jeder Schritt der anstehenden Liturgie genau einstudiert wird und an geselligem Beisammensein fehlt es auch nicht. Das war es aber nicht, was ich mir in erster Linie erhoffte. Die eigentliche Idee hatte ich mir wohlweislich bei dem Missionspater in Afrika abgekupfert, was mich veranlasste über die Jahre hinweg bei den unterschiedlichsten zuständigen Stadtpfarrern anzuklopfen, um speziell eine Jugendkatechese ins Leben zu rufen, bei denen nicht nur die Ministranten eingeladen waren. Man kann sich nicht vorstellen, was das für eine schwere Geburt war und am Ende sogar eine Fehlgeburt.

Der eine, ein angehender Doktor der Theologie, wusste nicht so recht damit umzugehen und verwies auf den Kollegen. Der wiederum, ein Professor der Theologie, nahm sich tatsächlich die Zeit und bespricht Woche für Woche das aktuelle Evangelium, was ja eigentlich während der Messe bereits behandelt wurde. An spezielle Themen ging er mit uns nicht ran und die Früchte unserer Gemeinschaft ließen ebendies zu wünschen übrig. Einmal, als wir einen Ausflug mit dem Zug unternahmen, gab es noch das Wochenendticket, das 5 Personen einschloss. Wir waren aber 11, was den Professor veranlasste dem 11. ein einzelnes Ticket allein aufzubürden. So wenig Empathie, das hat mich sehr gestört.

Schließlich kam wieder mal ein neuer Pfarrer und dieser veranstaltete dann gleich eine allgemeine Katechese in der Stadtpfarrkirche für alle Gemeindemitglieder. Dafür hatte er dann eigens Prediger eingeladen, die dem Namen nach etwas darstellten, um wohl dem weit verbreiteten Personenkult in der katholischen Kirche gerecht zu werden. In einem 20-minütigen Monolog wurde dann im Predigtstil über ein Thema referiert, das vor allem den Intellekt mit Wissen ausfüllte. Wer das will, ok, meins ist es nicht, womit das Projekt Jugendkatechese für mich gestorben war, weil ich mittlerweile auch selbst nicht mehr dem Alter entsprach und zunehmend schwächer geworden bin, wegen der angeschlagenen Mitralklappe des Herzens. Letzten Endes steht nun ein operativer Eingriff an.

Eigentlich sollte dies in Großhadern über die Bühne gehen. Zu meinem großen Glück wurde das in letzter Minute verschoben und in ein anderes Krankenhaus der LMU verlegt. In Großhadern wird neben dem regulären Krankenhausbetrieb renoviert. Man fragt sich schon, ob die sie noch alle Tassen im Schrank haben oder wer diesen Irrsinn veranlasst, Schwerstkranke, die über Wochen das Krankenhaus und womöglich das Bett nicht verlassen können, tagtäglich über Stunden unerträglichem Baulärm auszusetzen. Von den monatelangen Belastungen für das Personal, die sich wiederrum risikoreich auf die Behandlung auswirken können, ganz zu schweigen. Das ist einfach nur würdelos, wenn man bedenkt, wie landauf und landab darüber diskutiert wird, welchen Einfluss das Umfeld auf die Genesung eines Patienten hat. In München scheint diese Diskussion noch nicht angekommen zu sein. Wer aber tritt ein für diese armen Kranken? Bis heute habe ich unter den vielen Demonstranten auf der Straße deswegen noch keinen Protest gesehen.

*Lass, dass ich mich erquicke und stärke an einer Quelle,
die von Verderbtheit nichts weiß.*

Nach anfänglichen Hürden ergab sich für mich die Anstellung als Hausmeister in einer Seniorenresidenz am Stadtrand Münchens. Dieser Beruf erfüllte mich zunehmend mit einer großen Zufriedenheit, weil er so viel Abwechslung versprach, vielseitigen Kontakt mit Menschen brachte und sich große technische Herausforderungen bzw. tägliches Improvisieren ergaben. Kein Tag war wie der andere, mein Traumberuf, wobei man in dieser Branche wie in vielen Berufen heutzutage sehr schnell verheizt wird, wenn man nicht bei Zeiten selbst den Riegel vorschiebt. Im Laufe der Jahre entwickelte ich meine Professionalität hin zum Haustechniker.

Dennoch begegnete ich im beruflichen Alltag unentwegt wieder der großen Unzufriedenheit, wie sie mich zeit meines Lebens in meinem Umfeld verfolgt. Ich suchte meinen eigenen Frust darüber im Schreiben zu kanalisieren, nicht zuletzt um dem alles beherrschenden Fatalismus unserer Zeit nicht anheim zu fallen.

Während meines Abiturs hatte mich mein Deutschlehrer gewissermaßen dazu überredet, meine Facharbeit in Deutsch zu machen, obwohl ich mir wenig Hoffnung auf Erfolg versprach. Ich schrieb über die Exilliteraten im sogenannten Dritten Reich. Dieses Thema war maßgeschneidert für mich, weil ich meinem Gerechtigkeitssinn freien Lauf lassen konnte. Ich entwickelte eine große Leidenschaft und fühlte mich geehrt, mich diesem Thema nähern zu dürfen, welche viele Nächte füllen sollte, damals sehr zum Verdruss meiner Pflegeeltern.

Wenn das aber keine Fügung war, was war es dann? Ich grub nämlich diese frühe Begegnung mit dem Schreiben wieder aus und meine Intention war es, den „Gottmensch" von *Maria Valtorta* bekannter zu machen, was die Amtskirche in ihrem jahrzehntealten Sündenschlaf sträflich versäumt hatte. Das 3-teilige Werk „Majestätsbeleidigung" zu verfassen, war eine unbeschreibliche Ehre und Bürde zugleich für mich, denn je eingehender meine Arbeit, desto größer der Informationsfluss für meinen kleinen Intellekt. Und was anfangs noch Leidenschaft war, musste mir allmählich unweigerlich zum Kummer heranwachsen, angesichts der Erkenntnis über diesen gigantischen Nachlass für die Menschheit, der durch ebenso kolossale Versäumnisse noch immer im Dunkeln gehalten wird. *Maria Valtorta* war eine Italienerin, die wegen Krankheit ihr Leben lang ans Bett „gefesselt" war, das Leben Jesu in allen Details (darin enthalten das Evangelium) zur düsteren Zeit des zweiten Weltkriegs schaute und ursprünglich mit kirchlicher Druckerlaubnis in 12 Bänden niederschrieb. Ich persönlich sehe darin die Möglichkeit, nicht nur Christen daran zu hindern, zu Buddha überzulaufen, sondern eine längst überfällige Gegenüberstellung zu inszenieren mit dem Istzustand des kirchlichen Innenlebens einerseits und der säkularen Gesellschaft andererseits. Überrascht haben selbst mich die unzähligen Parallelen beider Gruppierungen.

Die stetige Unzufriedenheit bzw. Oberflächlichkeit der Gläubigenschar steht, wie oben erwähnt, der ausgeprägt zwanghafte

Sinn für Perfektion während der Liturgie gegenüber. Was anfänglich ausschließlich dem geistigen Überlebenstrieb und Selbstschutz für die Psyche geschuldet war, hat letztlich meinen Forschergeist geweckt und mich auf eine im wahrsten Sinne des Wortes unglückliche Konstellation bei der Gottesdienstausgestaltung geführt, in der das Schuldbekenntnis buchstäblich in Unschuldseuphorie umschlägt, als Wurzel allen zersetzenden Übels und als das System im System, das zusammenhält, was nicht zusammengehört. Jenes „Unschuldsfieber" findet man geradeso überall in der säkularen Gesellschaft wieder und äußert sich ebendies im zwanghaften Perfektionismus, was nicht zu verwechseln ist mit der Gründlichkeit, die zwar der Sache dient, aber weniger der Person.

Dazu ist zu sagen, dass der Perfektionismus eine illusorische Größe ist in der selbstgewählten Gottesferne, der sich krampfhaft zu projizieren sucht über Klugscheißerei und Schlaumeierei, um Trophäen für die eigene Größe in der fiktiven Selbstoptimierung zu sammeln. Auch Schuldzuweisungen für das Umfeld und den Nächsten gehören zum Repertoire, um in einer rhetorischen Schlacht um das letzte Wort für die menscheneigene Utopie ins Feld zu ziehen – wer in der entsprechenden Position ist, desgleichen auch mit dem letzten Mittel zerstörerischer Waffengewalt. Der Antichrist wütet in vollem Gange und das nahezu in jedem Menschen, kaum dass er das Erwachsenenalter erreicht hat. Soweit ist die Zeit bereits fortgeschritten. Man begeht die maximale Eskalation für den Erhalt der Komfortzonen im selbstgeschaffenen Universum, indem man die Nächsten um einen kreisen lässt wie die Sterne um die Sonne. Der Nächste tanzt dazu mehr oder weniger behutsam nach der Pfeife des anderen. Die Verehrung der Größe, die Gott geschuldet ist, mündet in die Größe des eigenen Ich. Ein Teufelskreis, der Unterdrückung und Unmenschlichkeit im Umfeld des Betroffenen nach sich zieht.

Jesus an Johannes gerichtet: *„Es gibt Geschöpfe, die anscheinend nur dazu leben, um das Gute in sich zu zerstören. Du bist Fischer* *und weißt, wie ein Segel reagiert, wenn es von einem Sturmwind erfasst wird. Es legt sich so sehr auf das Wasser, dass das Boot zu kentern droht; es wird zur Gefahr und man muss es einziehen und auf den Flügel, der zum Nest trägt, verzichten. Das vom Sturm erfasste Segel ist nicht mehr Flügel, sondern Ballast, der auf den Grund zieht und zum Tod führt, anstatt zur Rettung. Wenn aber der heftige Atem des Sturms sich beruhigt, vielleicht nur für wenige Augenblicke, dann wird das Segel sofort zum Flügel und treibt das Boot eilends dem rettenden Hafen zu. So ist es bei vielen Seelen. Es genügt, dass der Sturm der Leidenschaft sich legt, und die gebeugte Seele, die fast überflutet wird von ... dem, was nicht gut ist, richtet sich auf und strebt erneut dem Guten zu."*

„Ja, Meister ... Aber sage mir ... wird Judas je deinen Hafen erreichen?"

„Oh, lass mich nicht in die Zukunft eines meiner Teuersten schauen. Ich habe die Zukunft von Millionen Seelen vor Augen, für die meine Leiden umsonst sein werden ...! Ich habe alle Schlechtigkeit der Welt vor Augen ... Der Ekel würgt mich. Der Ekel, den ich beim Anblick dieser gärenden Abscheulichkeiten empfinde, die wie ein Sturm die Erde überschwemmen und sie in verschiedenartiger, aber für die Vollkommenheit immer auf schreckliche Art überschwemmen werden. Lass mich diese Dinge nicht schauen! L a s s , d a s s i c h m i c h e r q u i c k e u n d s t ä r k e a n e i n e r Q u e l l e , d i e v o n V e r d e r b t h e i t n i c h t s w e i ß ; dass ich die Wurmstichigkeit so vieler vergesse und nur dich, meinen Frieden, betrachte!"

Die Begriffe von Seele, Geist oder Verstand vermengen heute ein dunkles Knäuel von ungeklärten psychologischen Vorgängen. Der Mensch bleibt sich selbst dennoch fremder denn je. Die Sehnsucht nach Klarheit ist ein Fass ohne Boden. Fast täglich umgeben wir uns wie selbstverständlich mit brandgefährlichen Illusionen. Wir hofieren sie mitunter ein Leben lang, ohne zu reflektieren, und gefährden unvermeidbar die Gesundheit unserer Psyche und jene unserer Nächsten. Der Schlüssel zum Glück liegt indes tief im Inneren des Menschen verborgen im Loslassen. Die Liebe manifestiert sich dann in einer Persönlichkeit, wenn der Mensch beständig bereit ist, sich dem Hindernis seiner persönlichen Schuld zu stellen. Zum Beispiel in der Weise eines ethischen und moralischen Fußabdruckes.

Die Sehnsüchte der Menschen sind groß und gehen in verschiedene Richtungen, wie bereits in Band I von „Majestätsbeleidigung" unter der Rubrik „public crying" von mir eingehend erwähnt wurde. Wenn 100.000 Menschen sich auf der Theresienwiese oder sonst wo in der Republik versammeln, um vereint ein Zeichen für Demokratie und gegen Hass und Hetze zu setzen, wie man es zu Beginn des laufenden Jahres sehen konnte, dann ist das beachtlich aber bei weitem nicht genug. Wir sind alle unvollkommen. Sich beispielshalber einzubilden, die Liebe würde ohne Vergebungsbitte auskommen, ist ein bequemer Trugschluss, der um den gesamten Globus geht, den Frieden gefährdet und maßgeblich eine gesunde Einstellung zum Leben verhindert.

Altes Testament – Sprüche Salomos, *Warnung vor Ehebruch*: 6,23 ... das Gebot ist eine Leuchte und die Weisung ein Licht, und die Vermahnung ist der Weg des Lebens ...

Die eigenen Fehler in einer Beziehung relativieren oder überspielen zu wollen, funktioniert auf Dauer nicht. Wie sollte es dann erst mit der Beziehung zum Schöpfer gelingen oder mit nationaler Partnerschaft innerhalb der Weltgemeinschaft? Die Liebe sieht alles, weiß alles und wenn sie auch nichts nachträgt, erstrebt sie dennoch unnachgiebig ihren Tribut mit der Güte des Menschen, die nur in dessen Reinheit einen nachhaltigen Fortbestand finden kann. Wer aus der Übung gekommen ist, sollte sich überzeugen, dass Reue nur Überwindung kostet und noch lange keine Strafe ist. Sie ist das beständige Mittel zur unumstößlichen inneren Befreiung. „*Der Adel des Menschen ist seine Seele ... das Licht des Herzens sind seine Gedanken.*" (aus *Gottmensch* von *Maria Valtorta*)

... „Aber ich wollte nicht von Caesar sprechen, sondern von Pilatus. Ich sagte also, dass stärker als alle Stimmen, als die seiner Frau und die der Menge, die – und was für eine Stimme! – des eigenen Ich sich Gehör verschafft. Das kleine Ich des kleinen Mannes, das gierige Ich des gierigen Mannes, das stolze Ich des stolzen Mannes. Diese Kleinheit, dieser Stolz, und diese Gier wollen herrschen, um mächtig zu sein, wollen herrschen, um viel Geld und einen Haufen kriechende Untergebene zu haben. Der Hass brütet im Verborgenen, aber der kleine Cäsar, Pilatus genannt, unser kleiner Cäsar, sieht ihn nicht ... Er sieht nur die gebeugten Rücken, die Verehrung und Furcht vortäuschen oder auch wirklich ausdrücken. Und für diese stürmische Stimme des eigenen Ich ist er zu allem bereit. Ich sage: zu allem. Hauptsache, er kann weiterhin Pontius Pilatus, der Prokonsul, der Diener des Cäsar, der Beherrscher einer der vielen Regionen des Imperiums bleiben. Und deshalb wird er – auch wenn er mich heute verteidigt – morgen mein Richter sein, mein erbarmungsloser Richter. Die Gedanken der Menschen sind immer unstet und ganz besonders, wenn der Mensch Pontius Pilatus heißt." ...

Epilog

Bei der Masse der Menschen, die Gott nicht kennt, auch weil der wahre Gott ihr vorenthalten wird, oder weil sie Ihn nicht kennen will, befindet sich die Menschheit angesichts des Zusammenpralls aufbrausender und aufgeblasener Höllenkräfte unübersehbar in einem geistigen Tsunami und längst am Rande gegenseitiger psychischer Zerfleischung, welcher die physische nun unverkennbar folgt. Psychosen, Depressionen, Burn-out und Übergriffe geben das Bild, von dem diese Gesellschaft von sich reden macht. An dieser Stelle fällt mir das Wort Jesu zu den weinenden Frauen auf Seinem schweren Gang zum Kreuz ein: *„Weinet nicht um mich, sondern weinet um euch und eure Kinder!"*

... *„Was das Reich Gottes betrifft, so ist es in euch und überall dort, wo Menschen sind, die an mich glauben. Noch ist es zerstreut, doch wird es sich im Laufe der Jahrhunderte über die Welt ausbreiten und dann im Himmel ewig, vereint und vollkommen sein. Dort, im Reich Gottes, wird der neue Tempel erbaut werden, also dort, wo es Seelen gibt, die meine Lehre annehmen, die Lehre des Reiches Gottes, und die ihre Vorschriften halten. Wie er errichtet werden wird, da ihr arm und nur wenige seid? Oh, wahrlich, Geld und Macht braucht ihr nicht, um den Bau der neuen Wohnung Gottes zu errichten, weder den gemeinsamen noch den des Einzelnen. Das Reich Gottes ist in euch. Und die Vereinigung all jener, die das Reich Gottes in sich tragen, die Gott in sich haben – Gott: die Gnade, Gott: das Leben, Gott: das Licht, Gott: die Liebe – wird das große Reich Gottes auf Erden bilden. Das neue Jerusalem, das sich bis an die Grenzen der Erde erstrecken und vollständig und vollkommen, ohne Makel und Schatten, im Himmel ewig währen wird.*

Wie werdet ihr den Tempel und die Stadt bauen? Oh, nicht ihr, sondern Gott wird diese neuen Orte erbauen. Ihr müsst ihm nur euren guten Willen schenken. Guter Wille heißt, in mir zu bleiben. Meine Lehre zu leben, ist guter Wille. Einig zu sein, ist guter Wille. Eins mit mir zu sein, um einen einzigen Leib zu bilden, dessen einzelne Teile und Teilchen eine einzige Kraft nährt. Ein einziges Bauwerk, das auf einem einzigen Fundament ruht und dass eine mystische Bindekraft zusammenhält. Ohne die Hilfe des Vaters aber, zu dem ich euch zu beten gelehrt habe und zu dem ich vor meinem Tod für euch beten werde, könnt ihr nicht in der Liebe, in der Wahrheit und im Leben bleiben, also auch nicht in mir, und mit mir in Gott, dem Vater, dem Gott der Liebe – denn wir sind eine einzige Gottheit. Daher sage ich euch, dass ihr Gott in euch haben müsst, um der Tempel sein zu können, der niemals ein Ende haben wird. Allein könnt ihr es nicht schaffen. Wenn Gott nicht baut, und er kann nicht bauen, wo er nicht wohnen kann, bemühen sich die Menschen vergebens zu bauen und wieder aufzubauen. Der neue Tempel, meine Kirche, wird nur erstehen, wenn euer Herz Gott beherbergt und er mit euch, den lebendigen Steinen, seine Kirche erbaut."

Seine Lehre, die dem Herzen des Schöpfers entspringt und von der Mutter Jesu stets mit Hingabe ein Leben lang mitgetragen wurde, ist es, die uns vergibt, aber nur, wenn sie aus uns einen besseren Menschen macht. Es ist eine Diät auf Lebenszeit, um das ewige Leben im Heil schauen zu können. Wenn beispielsweise Wohlstandsringe am Bauch zu deutlich zu Tage treten, braucht es einen Plan, um die eigenen Essgewohnheiten abzuwickeln. So ist es auch mit der Religion. Wer sich einbildet, Anteil zu haben am auserwählten Volk Gottes, ist gefordert, die eigenen Bedürfnisse vor dem Vater mit jenen der minderprivilegierten Weltbevölkerung zu vergleichen, um zu realisieren wer oder was ihr seid. Dann gibt es weder Grund zur Euphorie, noch Anlass zum Stolz und auch keinen Platz für Utopien oder Illusionen, denn die Freude am Auferstandenen und Seiner unveränderten Lehre verpufft ungemein häufig am mangelnden Tiefgang und fehlendem Bekenntnis.

Ihr dürft mich lieben für alle Lauen,
für jene, die mich nicht kennen
und mich darum nicht lieben.
Ihr alle sollt dies tun.
Mein Herz wartet nur darauf.
Eure Sehnsucht soll sich mit meiner unaufhörlichen
Sehnsucht nach Rettung aller verbinden.
Diese Sehnsucht wartet in meinem verwundeten Herzen
darauf, dass ihr sie mit mir teilt.
Sie wartet in jedem Tabernakel darauf,
dass eure Liebe, eure Barmherzigkeit die Türen öffnet,
damit meine Barmherzigkeit
allen Menschen zuteil werden kann.
Öffnet eure Herzen meinem Herzen.
Lasst auch eure Herzen verwunden
vom Lanzenstich der Sehnsucht barmherziger Liebe.
Hört nicht auf, meine Hilfe, meine Liebe zu rufen.
Mein Herz wartet.
Tragt es zu allen, die hungern und dürsten
und die den Weg zur Quelle nicht finden,
weil ihnen eure Herzen verschlossen sind.

Hört nicht auf, meine Hilfe, meine Liebe zu rufen,
Franziska Maria von der gekreuzigten Liebe

Wer sich selbst erniedrigt, wird erhöht werden, und wer sich selbst erhöht, wird erniedrigt werden. Viele werden vor uns ins Himmelreich eingehen, die Christus nicht gekannt haben, weil wir uns nicht um sie gekümmert haben. Es ist kein Kunstgriff, sondern die Realität des Glaubens, sich geistig hinten anstellen zu können, in der ständigen Gewissheit, dass Gott die spezifische Armut eines jeden Menschen sieht. Erst im nächsten Schritt, und niemals umgekehrt, besiegelt das auf Golgotha vergossene Blut des Herrn mit der Reinwaschung von unserer Schuld unsere Erlösung. Blutiges Leiden, verursacht durch nichts weniger als der unserer Reue vorausgehenden Widerspenstigkeit, die Er uns ausgestreckt am Stamm des Kreuzes vergeben wollte, in der Sehnsucht nach unserem ewigen Heil.

Christus dachte damals bestimmt nicht nur an die Kinder und Jugendlichen unserer Gesellschaft als Leidtragende, als Er zu den weinenden Frauen sprach, sondern bestimmt hatte Er auch das perfide System der Menschenverachtung der uns vorausgegangen Generationen als Ganzes im Auge, das mit einem auf die Spitze getriebenen Perfektionismus den millionenfachen Mord an jüdischem Leben betreiben sollte, denn dieser Genozid ist und bleibt beispiellos in der Geschichte des jüdischen Volkes und der Menschheit insgesamt. Ganz zu schweigen von den Nachkriegsgenerationen mit der gnadenlosen Verfolgung unzähliger Unschuldiger durch das immergleiche unmoralische und menschenfeindliche System, das immer noch unbehelligt an allen Orten dieser Erde betrieben wird.

"... Die Stimme ihres Anklägers war für immer verstummt. So glaubten sie. Aber nein, sie ist nicht verstummt. Sie wird niemals verstummen. Wie Donner ertönt sie und verflucht alle, die heute gleich ihnen sind. Wieviel Leid musste meine Mutter durch ihre Schuld ertragen! Und ich werde dieses Leid nie vergessen.

Dass die Menge wankelmütig ist, war nichts Neues für mich. Sie ist das wilde Tier, das dem Bändiger die Hand leckt, wenn dieser mit der Peitsche kommt oder ihm ein Stück Fleisch für seinen Hunger reicht. Doch es genügt, dass er fällt und seine Peitsche nicht mehr gebrauchen kann, oder dass er kein Futter mehr hat, und das Tier fällt ihn an und zerreißt ihn. Es genügt, die Wahrheit zu sagen und zu den Guten zu gehören, um von der Masse gehasst zu werden, wenn die erste Begeisterung verflogen ist. Die Wahrheit ist Mahnung und Rüge. Die Güte beraubt der Peitsche und führt dazu, dass die Bösen keine Furcht mehr haben. Daher das "Kreuzige ihn" nach dem "Hosanna". In meinem ganzen Leben als Meister haben mich diese beiden Rufe begleitet. Und der letzte war "Kreuzige ihn"! Das "Hosanna" ist wie das tiefe

Atemholen des Sängers, damit er genügend Luft für den hohen Ton hat. Maria hat am Abend des Karfreitag in ihrem Inneren alle diese verlogenen "Hosanna" noch einmal gehört, die für ihren Sohn zu Todesurteilen geworden sind. Und sie haben ihr Herz durchbohrt. Auch das vergesse ich nicht.

Die Menschlichkeit der Apostel! Wieviel Menschlichkeit! Schwere Steine, die sich von der Erde angezogen fühlten, habe ich auf meinen Armen getragen, um sie zum Himmel emporzuheben. Auch jene, die sich nicht wie Judas Iskariot als Diener eines irdischen Königs sahen, die nicht wie er damit rechneten, bei nächster Gelegenheit an meiner Statt den Thron zu besteigen, waren trotzdem alle zu sehr auf Ruhm bedacht. Es kam der Tag, an dem selbst mein Johannes und sein Bruder dieses Verlangen nach Ruhm verspürten, das euch sogar in himmlischen Dingen wie eine Fata Morgana irreführt. Es ist nicht das heilige Verlangen nach dem Paradies, das ihr meinem Willen gemäß haben sollt, es ist vielmehr der menschliche Wunsch, dass eure Heiligkeit bekannt werde. Und nicht nur das; es ist euer Profitdenken in der Art der Wechsler und Wucherer, mit dem ihr für ein wenig Liebe, die ihr dem gebt, dem ihr nach meinen Worten alles, euch selbst, geben müsst, einen Platz zu seiner Rechten im Himmel verlangt. ..."

Quellen

- *In kursiv gehaltene Absätze:* **Gottmensch von Maria Valtorta**, erschienen im Parvis-Verlag, Ch.
- **Altes Testament** nach der Übersetzung Martin Luthers in der revidierten Fassung von 1984.

Ich widme dieses Buch mit grosser Dankbarkeit meinem zeitweiligen Seelenführer und Missionar in Afrika und meinem Firmpaten.

Der Autor

Timothée Mercier wurde 1970 geboren und wuchs in einer christlich geprägten Pflegefamilie auf. Der dortige unaufgeregte Umgang mit Glauben und Religion hat ihn sehr geprägt. Er hat aber in seiner Kindheit und als heranwachsender Jugendlicher auch die dunklen Seiten der Kirche kennen gelernt. Als „Kuckuckskind" in einem schwierigen Elternhaus wurde er zunächst im Alter von zwei Jahren in ein Knabenheim von Franziskanerinnen gegeben, mit allen damit verbundenen Drangsalierungen. Im Erwachsenenalter war er schließlich viel auf Reisen und erlebte eine andere Welt als das technokratische Deutschland. Beruflich arbeitete er in der Haustechnik in verschiedenen sozialen Einrichtungen. Die Kluft zwischen den Frustrationen vieler Menschen einerseits und dem eigenen erlebten Glück in der Religion andererseits veranlasste ihn, ein Ventil im Schreiben zu suchen. Dies ist bereits der 3. Band seiner „Majestätsbeleidigung"-Reihe, in der er sich mit Maria Valtortas Eingebungen befasst.

Der Verlag

> **Wer aufhört
> besser zu werden,
> hat aufgehört
> gut zu sein!**

Basierend auf diesem Motto ist es dem novum Verlag ein Anliegen, neue Manuskripte aufzuspüren, zu veröffentlichen und deren Autoren langfristig zu fördern. Mittlerweile gilt der 1997 gegründete und mehrfach prämierte Verlag als Spezialist für Neuautoren in Deutschland, Österreich und der Schweiz.

Für jedes neue Manuskript wird innerhalb weniger Wochen eine kostenfreie, unverbindliche Lektorats-Prüfung erstellt.

Weitere Informationen zum Verlag und seinen Büchern finden Sie im Internet unter:

www.novumverlag.com

Timothée Mercier

Majestätsbeleidigung

Irren ist menschlich –
eine Denkschrift über
religiöse Demenz

ISBN 978-3-99131-758-6
482 Seiten

Zu Recht wird die Kirche vielerorts kritisiert. Aber muss man sich deswegen direkt vom Glauben abwenden? Nein, meint Timothée Mercier. Vielmehr ist er weiterhin äußerst wichtig, in der heutigen Zeit sogar mehr denn je.

Timothée Mercier

Majestätsbeleidigung

Die Zeit ist reif

ISBN 978-3-99131-760-9
504 Seiten

Kann der Atheismus die Gottesferne unserer Zeit im Selbstgespräch mit dem oberflächlichen Ich besänftigen oder ist der Mensch gewillt ohne Wenn und Aber zu den Tiefen der menschlichen Seele vorzudringen, zum ureigensten Schmelzpunkt der menschlichen Existenz?